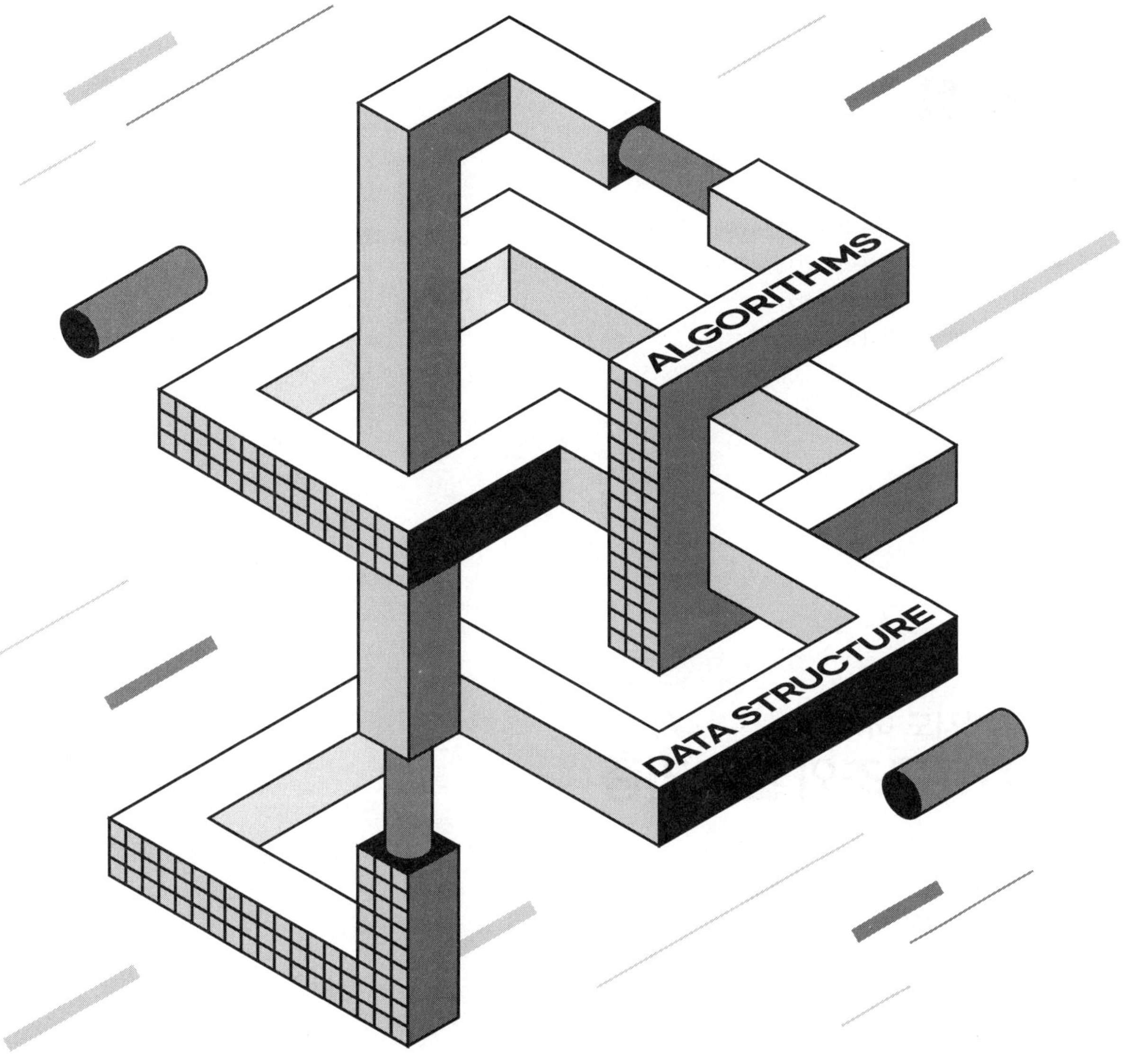

혼자서도 이해하는

자료구조와 알고리즘

차경애 지음

도서출판 홍릉

저자소개

차경애 대구대학교 AI학부 교수(2005년 ~ 현재)

- 경북대학교 컴퓨터과학과 이학박사(2003년)
- 경북대학교 컴퓨터과학과 이학석사(1998년)
- 경북대학교 컴퓨터과학과 이학사(1996년)

현) 한국멀티미디어학회 이사

혼자서도 이해하는

자료구조와 알고리즘

인 쇄: 2022년 12월 20일 초판 1쇄
발 행: 2022년 12월 30일 초판 1쇄

저 자: 차경애
발행인: 송 준
발행처: 도서출판 홍릉
주 소: 01093 서울시 강북구 인수봉로 50길 10
등 록: 1976년 10월 21일 제5-66호

전 화: 02-999-2274~5, 903-7037
팩 스: 02-905-6729
e-mail: hongpub@hongpub.co.kr
http://www.hongpub.co.kr
ISBN: 979-11-5600-967-2(93000)

정 가: 15,000원

머리말

컴퓨터공학 및 관련 분야에서 자료구조와 알고리즘은 가장 중요한 교육 과정 중의 하나라고 할 수 있습니다. 더불어 IT가 일상화된 4차산업혁명 시대가 되면서 굳이 이공계 전공자가 아니더라도 프로그래밍에 관한 관심이 높아지면서 이 과목에 대한 중요성은 더욱 커지고 있습니다. 그러나 많은 학습자가 자료구조와 알고리즘을 이해하기에 상당한 어려움을 겪고 있습니다.

자료구조와 알고리즘을 어렵게 여기는 이유 중의 하나는 눈에 보이지 않는 디지털 자료를 다루는 이론적 방법을 이해하고 이를 프로그램으로 구현하는 데 있어서, 사람과 컴퓨터 사이의 사고하는 방식 차이를 인식해야 하는 또 하나의 과정이 필요하기 때문이라고 생각됩니다.

그렇지만 자유로운 프로그래밍 능력을 갖추기 위해서는 컴퓨팅적 사고를 기반으로 다양한 자료구조와 알고리즘을 온전한 자신의 지식으로 소화하고 구현할 수 있는 기초력이 필수적으로 요구됩니다.

이 책은 자료구조와 알고리즘을 더 쉽게 이해할 수 있는 용어와 설명으로 직관적인 개념 파악이 가능하도록 구성하기 위해서 노력하였습니다. 자료구조와 알고리즘의 프로그래밍적인 측면의 동작 과정뿐만 아니라 고안(考案)원리와 실제 적용 예를 설명하여 컴퓨팅 지식에 의존하지 않고 이해도를 높일 수 있도록 하였습니다.

또한 장마다 파이썬으로 구현하는 과정을 자세히 설명하였으며, 컴퓨팅적 사고의 실체를 파악하고 여러 가지 문제들을 스스로 다루어 볼 수 있도록 하였습니다.

아무쪼록 이 책이 컴퓨터 프로그래밍에 관심을 가지는 많은 이들이 자료구조와 알고리즘에 대한 기초력을 습득하는 데 도움이 되기를 바랍니다.

저자 차경애

차례

Chapter 01
자료구조와 알고리즘이란?

Chapter 02
배열과 파이썬 리스트 : 번호 붙이기

Chapter 03
스택 : 쌓아 올리기

Chapter 04

큐 : 순서대로 처리하기

Chapter 05

정렬 알고리즘 : 크기순으로 나열하기

Chapter 06

이진 탐색과 해싱 : 빠르게 찾기

Chapter 07

연결 리스트 : 연결하여 순서 정하기

Chapter 08

이진 트리 : 하나의 부모와 두 개의 자식으로 구성하기

Chapter 09

이진 탐색 트리 : 이진 트리에서 빠르게 찾기

Chapter 10

그래프 : 목적에 맞게 연결하기

Chapter 1

자료구조와 알고리즘이란?

1.1 자료구조와 알고리즘이 무엇인가?

자료구조란 자료를 일정한 규칙에 의해서 관리하는 것이다. 자료를 관리하는 이유는 편리하고 정확하게 사용할 수 있기 때문이다. 우리의 생활에서도 어떤 물건이나 전화번호와 같은 정보를 빠르게 찾아내고 추가되는 것들은 적절한 위치나 순서에 따라 정리할 수 있도록 규칙을 두고 있는 것과 같은 원리이다.

컴퓨터의 자료구조는 메모리에 저장되는 디지털 정보를 편리하게 관리하는 방식을 말한다. 컴퓨터에서 '편리성'이라는 것은 저장공간에 자료가 들어가고 나오는 입출력 과정에서 불필요한 작업이 최소화되고 메모리 공간을 필요한 만큼만 사용한다는 의미이다. 이를 위해서는 특정한 작업을 위한 규칙을 정하는 것이 좋다. 무작위로 작업하여서는 편리성과 효율성을 보장할 수 없기 때문이다.

어떤 작업을 위해서 정해진 규칙은 그 일을 가장 효율적으로 수행하는 방법이어야 할 것이다. 단어 사전의 예를 생각해 보자. 사전의 종류에 따라서 각 페이지는 가나다 또는 알파벳의 순서로 단어를 나열한다. 그래서 특정 단어를 찾을 때 단어가 있을 법한 페이지를 먼저 넘겨보고 단어가 나타나지 않는 나머지 페이지에서는 더 이상 검색하지 않는다. 만약 단어가 어떤 규칙에 의해서 정렬되지 않은 상태라면 그 단어를 만날 때까지 페이지를 모두 넘겨보는 일을 반복할 것이다. 창고에서의 물건 정리, 도서관에서의 책 관리 등도 자료의 종류나 작업의 내용에 알맞은 방법으로 이루어지고 있다.

그림 1-1과 같이 접시를 보관하는 두 가지 방법을 살펴보자. 단순히 쌓아 놓는 방법과 접시 꽂이를 이용하는 방법이 있을 수 있다. 접시꽂이를 이용하면 중간에 놓인 접시도 언제든 사용할 수 있다. 쌓아 놓는 방법은 접시꽂이의 어느 위치에 접시를 꽂을지와 어느 위치의 접시를 꺼낼지를 생각할 필요가 없어서 간편한 관리 방법일 수 있다. 그러나 가장 위쪽의 접시만 먼저 사용할 수 있다는 제약점도 있다. 접시꽂이 활용은 언급한 바와 같이 새로운 접시의 위치와 꺼내는 방식을 고려해야 하는 추가 사항이 있다.

이처럼 같은 자료라도 여러 가지 방법으로 관리할 수 있으며, 필요에 따라서 적절한 관리 방법으로 구조화하여 사용한다. 컴퓨터의 자료구조 역시 활용되는 방법에 따라서 여러 가지 방식으로 정립되어 있으므로, 이들의 원리와 구현하는 방법을 알아보고자 한다.

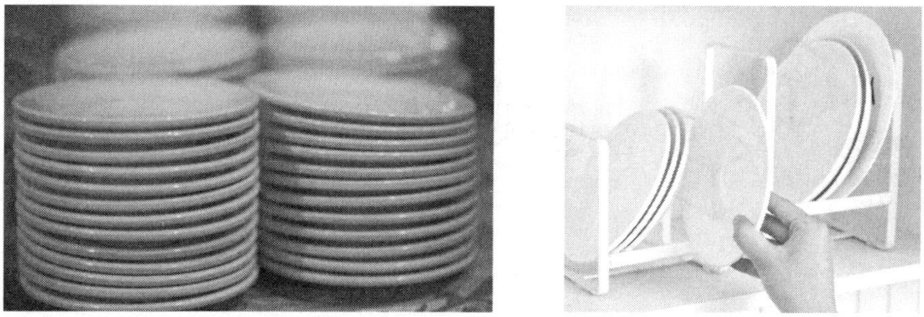

그림 1-1 접시 쌓기와 접시꽂이 이용하기

컴퓨터의 자료는 메모리에 저장되는 디지털 정보이며, 이를 정수, 실수, 문자, 문자열 등으로 구분하여 각각을 자료형이라고 한다. 예를 들면 1은 정수형, 1.0은 실수형, 'a'는 문자형으로 인식한다. 실생활에서는 수많은 종류의 자료가 있지만, 컴퓨터에서의 자료는 디지털로만 존재한다. 이때 자료의 사용성에 따라서 자료형을 구분하는 것이다.

컴퓨터에서 자료 관리는 메모리에 저장하고, 메모리에서 값을 얻어오는 등의 일을 수행하는 것으로, 프로그램이 빠르고 정확하게 결과를 얻을 수 있도록 하기 위함이다. 마치, 우리가 어떤 업무를 수행할 때 순간순간 정보를 빠르게 얻을 수 있다면 순조롭게 진행할 수 있는 것과 같다. 그리고 업무의 내용에 알맞은 자료나 정보의 관리 방법이 있듯이, 컴퓨터 자료구조도 다양하게 정의되어 있다. 지금부터 여러 가지 자료구조의 원리를 파악하고 그 사용성을 알아보자.

■ 번호 붙이기

여러 개의 물건을 관리할 때 가장 보편적인 방법은 번호를 붙이는 것이다. 왜냐하면 물건 종류나 크기 등에 상관없이 번호를 통해서 순서대로 정리하거나 특정 번호의 물건을 가져오거나 바꾸는 등의 작업이 쉽기 때문이다.

자료구조에서도 이처럼 가장 간편하면서도 자료 관리가 효율적인 번호 붙이기 방법이 정의되어 있으며 대표적인 자료구조를 배열이라고 한다. 프로그래밍에서 많이 사용되는 기본적인 자료 관리 방법의 하나이다. 그림 1-2와 같이 큐브가 흩어져 있지만 필요한 것들에 번호를 붙여서 구별할 수 있도록 하면 순서대로 나열하는 것 등의 작업이 매우 간편할 것이다.

여기에서 큐브는 메모리에 저장되는 디지털 정보이며, 이들을 구분하는 번호를 인덱스라고 부른다. 배열이 바로 이러한 구조로 저장되는 자료의 모임이다.

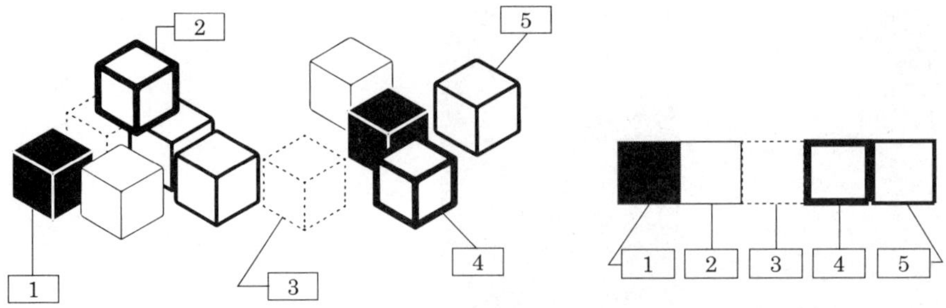

그림 1-2 번호 붙이기

이때 물건에 번호를 붙여놓는 것만으로 자료를 관리할 수 없다. 즉, 번호 순서대로 나열하는 일, 물건의 번호를 바꾸어 붙이는 일, 짝수번호의 물건만 골라내는 일 등과 같이 어떠한 작업을 수행해야 의미가 있다. 자료구조에서 어떤 작업을 수행하는 것을 함수 또는 메소드와 같은 이름으로 부른다. 예컨대, 번호 순서대로 나열하는 함수, 번호를 바꾸어 붙이는 함수 등이 있다. 배열은 메모리에 저장된 자료에 번호를 붙여놓고 이들을 번호 순서대로 나열하는 함수, 번호를 바꾸는 함수 등과 같이 필요한 작업을 할 수 있는 업무 수행자까지 모두 포함하는 개념이다.

이처럼 자료구조를 이해하는 것은 자료를 구조화하는 원리와 그 구조를 잘 활용하기 위한 함수들을 익혀나가는 것이라고 할 수 있다. 자료를 활용한다는 개념은 임의의 자료를 '저장'하고, '삭제'하고, 특정 자료를 '찾아내는' 세 가지가 주요 작업이다. 따라서 자료구조마다 이와 같은 역할의 함수들을 구현하고 사용하는 방법이 정의되어 있다.

■ 쌓아 올리기

물건들을 차례로 쌓아 올리는 방법은 매우 간단하여 새로운 물건을 더미의 위쪽에 올려놓고 위에서부터 꺼내는 방법만 사용한다. 복잡한 관리 방법이 없어서 편리할 수 있으나 중간에서 물건을 빼내거나 넣는 일은 쉽게 할 수 없을 것이다. 그래서, 일상에서 쌓아 올리기 방법은 효과적이지 않지만, 컴퓨터는 쌓아 올리는 방법으로 여러 가지 작업을 처리하고 있다. 예를 들면, 문서편집기에서 이전 작업을 취소하는 되돌리기 기능은 편집 작업을 차례로 쌓아 놓고, 되돌릴 때 가장 최근의 작업부터 취소한다.

그림 1-3 쌓아 올리기

■ 순서대로 처리하기

은행 업무나 고객센터의 전화 서비스 등의 많은 일들이 들어온 순서대로 처리된다. 이와 같은 원리를 채택한 자료구조가 큐이며 컴퓨터 운영체제에서의 작업 처리 등에서 빈번히 사용된다. 또한 순서대로 저장된 정보를 모아서 하나의 단위로 처리하는 미디어 버퍼와 같은 작업에서도 큐가 사용된다.

■ 정렬하기

값의 크기 관계에 따라서 정렬되어진 자료는 매우 유용하게 사용된다. 예컨대, 크기 순서대로 나열되어 있다면 가장 큰 값, 가장 작은 값 또는 세 번째로 큰 값 등을 쉽게 알 수 있다.

이처럼 자료를 정렬하는 것은 중요한 일이지만, 프로그램에서 값의 비교는 자료의 개수에 비례하여 비교와 자리 이동이 발생한다. 메모리 공간의 사용량과 비교나 이동 등의 작업을 최소한으로 할 수 있는 여러 가지 정렬 방법들이 고안되어 있다.

■ 찾아보기

자료구조와 알고리즘에서 원하는 값을 찾는 작업을 탐색이라고 한다. 자료를 값의 크기에 따라서 정렬하는 주요 목적 중의 하나는 필요한 값을 빠르게 찾아내기 위한 것이다. 정렬 알고리즘이 유용하게 사용되는 것처럼 탐색 알고리즘은 데이터베이스 등에서 반드시 필요한 작업으로 효율적인 탐색 알고리즘들이 개발되고 있다.

■ 연결하기

컴퓨터에서 다루는 자료는 메모리에 물리적으로 저장되는데, 연속적인 공간을 차지하는 자료구조를 구성하려면 그만큼의 공간이 필요하다. 그렇지만 흩어진 자료들을 연결 고리를 통해서 하나의 구조로 관리할 수 있다.

■ 부모-자식 관계로 정리하기 : 트리

가계도는 조상과 자식 간의 계층적 관계를 표현하고 있는 자료이다. 이를 자료구조로 나타내기 위해서는 부모와 자식의 관계를 정의할 수 있어야 한다. 이러한 필요에 의해서 활용되는 자료구조가 트리이며, 최상위의 루트로부터 아래 계층으로 뻗어가면서 자식들을 표현할 수 있다.

■ 길찾기 지도 만들기 : 그래프

IT기술이 생활 속에 접목되면서 이미지로 제공되는 지도는 시각적 요소를 통해서 효용성이 높기 때문에, 지도 서비스 앱 등에서 사용되고 있다. 자료구조로는 이미지를 그대로 사용한다면 효율성이 떨어지기 때문에 지도 상의 위치와 그들의 연결 관계를 정의한 그래프를 정의하고 있다.

그래프는 정점(vertex)과 그들을 연결하는 엣지(edge)로 구성되는 자료구조이며 빠른 길 찾기, 모든 지점을 연결하는 네트워크망 구성하기 등의 실생활에 사용되는 알고리즘을 구현한다.

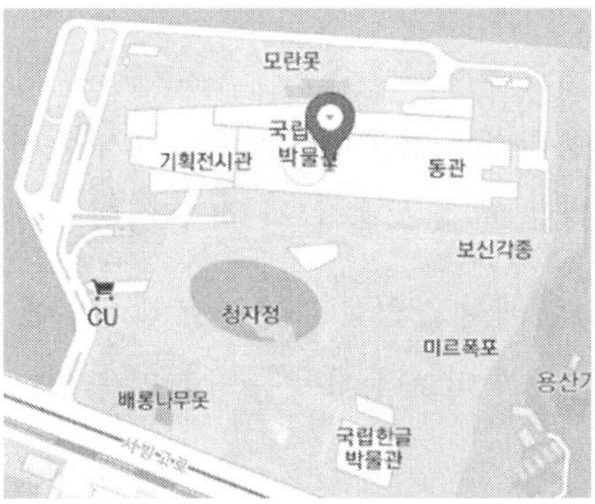

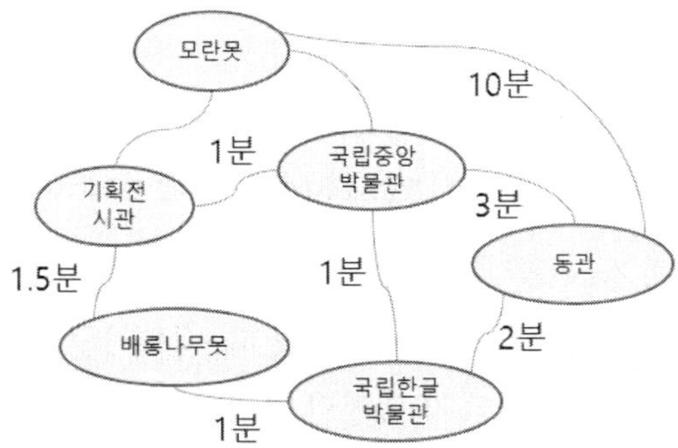

그림 1-4 정점과 엣지로 구성하는 그래프 구조

1.2 파이썬 환경 설치

파이썬은 비교적 쉬운 문법과 직관적인 이해가 가능하다고 평가되는 프로그래밍 언어이다.

이 책에서는 다양한 자료구조와 알고리즘의 이론적 원리와 개념을 파이썬으로 구현하여 기본적인 활용 능력을 키우고자 한다.

파이썬 개발 환경의 설치를 위해서 아나콘다 사이트(https://www.anaconda.com/products/distribution)에 접속하여 설치 파일을 다운로드하고 설치 파일을 실행하여 단계별로 진행한다.

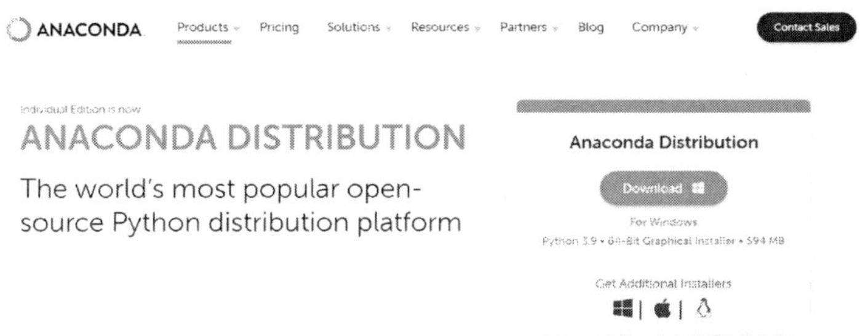

그림 1-5 아나콘다 다운로드

설치 파일을 실행하면 환영 메시지 화면이 나타난다. 다음으로 진행하여 라이센스 동의를 클릭한다.

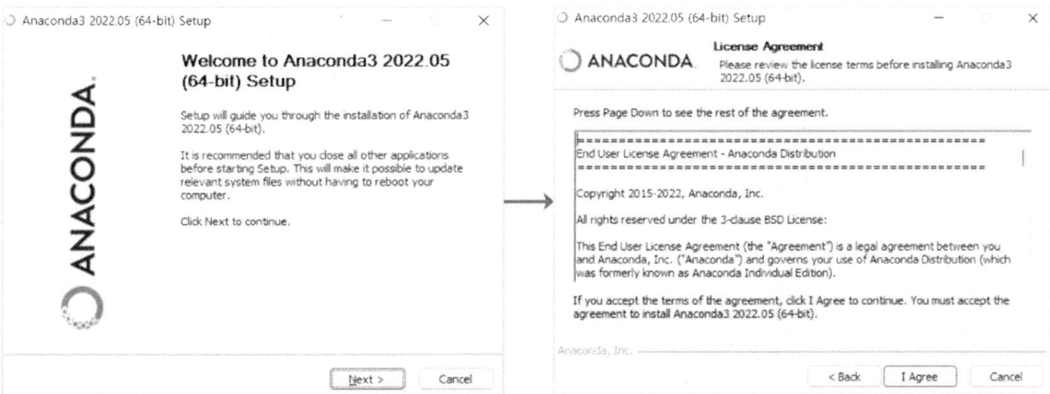

환영 메시지 화면
Next 클릭

라이센스 동의 화면
I Agree 클릭

그림 1-6 아나콘다 설치 과정(1)

다음 단계에서 인스톨레이션 타입(Installation Type)을 선택한다. 개인 컴퓨터의 특정 사용자만 사용할 수 있는 타입과 모든 사용자가 사용할 수 있는 두 가지 모드가 있다.

단일 사용자 모드(Just Me)를 선택하여 다음으로 이동하면 개발 환경을 설치할 디렉토리를 확인하는 과정이다. 여기에서 사용자 홈으로 설정한 상태로 나타나며 이를 원하는 디렉토리로 변경할 때, 한글 경로가 섞여 있다면 오류가 발생한다는 점을 유의하자.

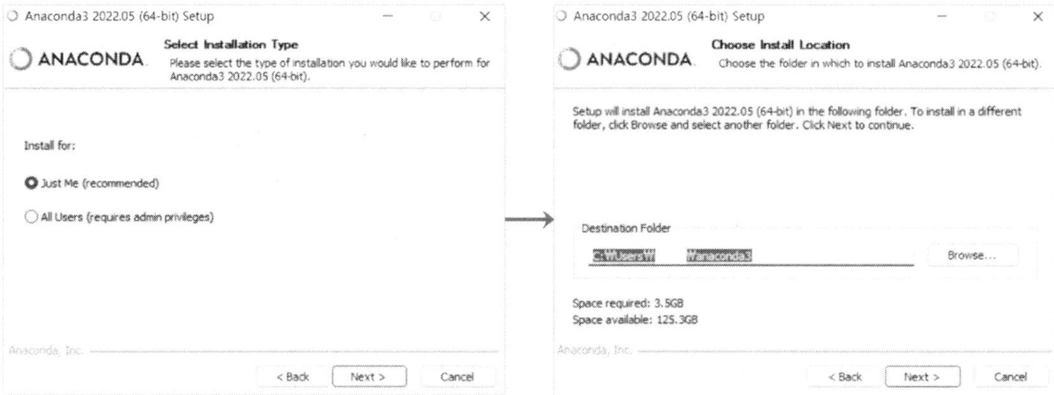

인스톨 타입 선택
Just Me 클릭

설치 디렉토리 확인
Next 클릭

그림 1-7 아나콘다 설치 과정(2)

다음으로 향상된 인스톨레이션 옵션(Advanced Installation Options)을 선택하는 화면이 나타나면 그림 1-8과 같이 아래쪽 옵션을 선택한다. 이때 에러 팝업이 나타난다면, 이미 아나콘다가 설치되어 있다는 것이므로 이전 설치 파일을 삭제하고 다시 설치하거나 현재 설치를 취소한다. 만약 에러 파업이 나타나지 않으면 Install을 클릭하여 설치를 완료한다.

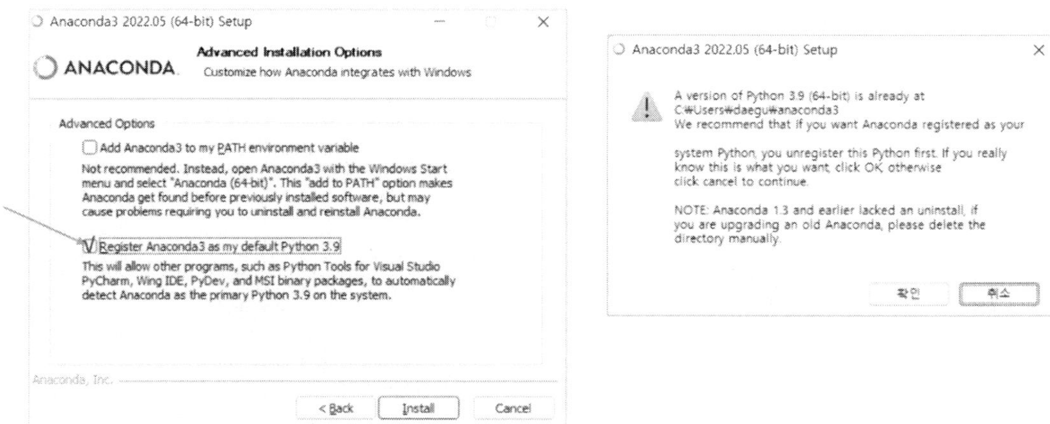

Advance Installation Option 선택
Install 클릭

그림 1-8 아나콘다 설치 과정(3)

설치가 모두 끝나면, 윈도우의 검색창에서 'anaconda'를 입력하여 설치된 구성 앱을 확인할 수 있다. 여기에서 주피터 노트북(Jupyter Notebook)을 클릭하여 실행한다.

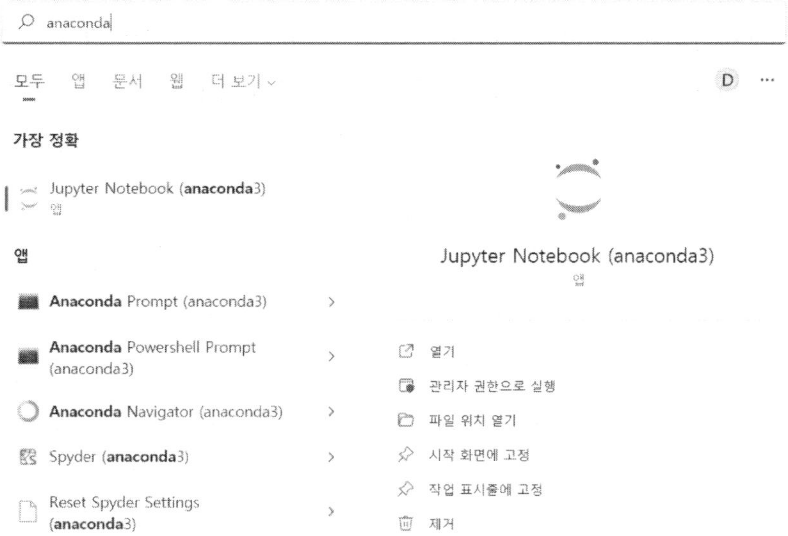

그림 1-9 주피터 노트북 실행

주피터 노트북 셀이 뜨고 웹 브라우저가 나타난다. 셀에서 사용자 홈디렉토리(c:\Users\userID)로 적용된 폴더의 파일들이 웹 브라우저에 표시되는 것을 볼 수 있다.

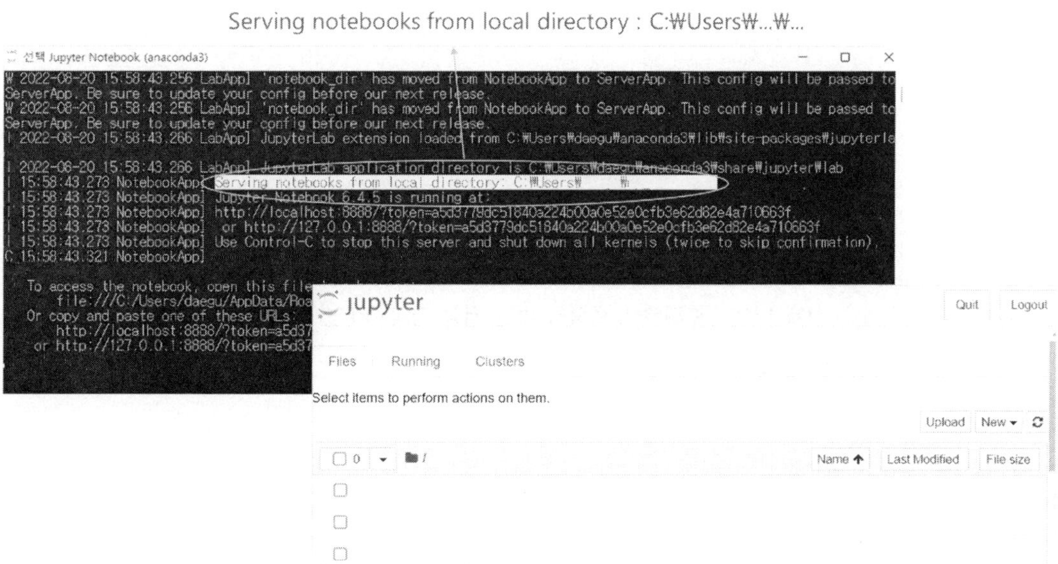

그림 1-10 주피터 노트북 셀과 웹 브라우저

주피터 노트북 웹 브라우저에서 보이는 디렉토리는 파이썬 소스 파일이 저장되고 실행되는 위치이다. 이 디렉토리를 변경하고자 한다면 주피터 노트북이 저장된 파일 위치를 열어서 Jupyter Notebook (anaconda3)에서 오른쪽 마우스버튼을 클릭하여 속성 창을 띄운다. 그리고 미리 생성한 디렉토리를 적어준다. 이때 영문만으로 작성하여야 한다.

주피터 노트북을 다시 실행하여 변경된 작업 디렉토리를 확인하고 새로운 파일을 생성하여 간단한 명령어를 입력 후 Run을 클릭하여 실행 결과를 살펴보자. 새 파일을 만들기 위해서는 웹 브라우저의 오른쪽 상단의 New → Python 3 (ipykernel)을 클릭한다.

그림 1-12에서는 변수 a에 3.14를 할당한 후 print()로 출력하는 예를 보여준다. 코드 입력 셀에 a=3.14와 print(a)를 입력하고 Run을 클릭하여 실행하면 그 결과가 아래쪽 셀에 표시된다.

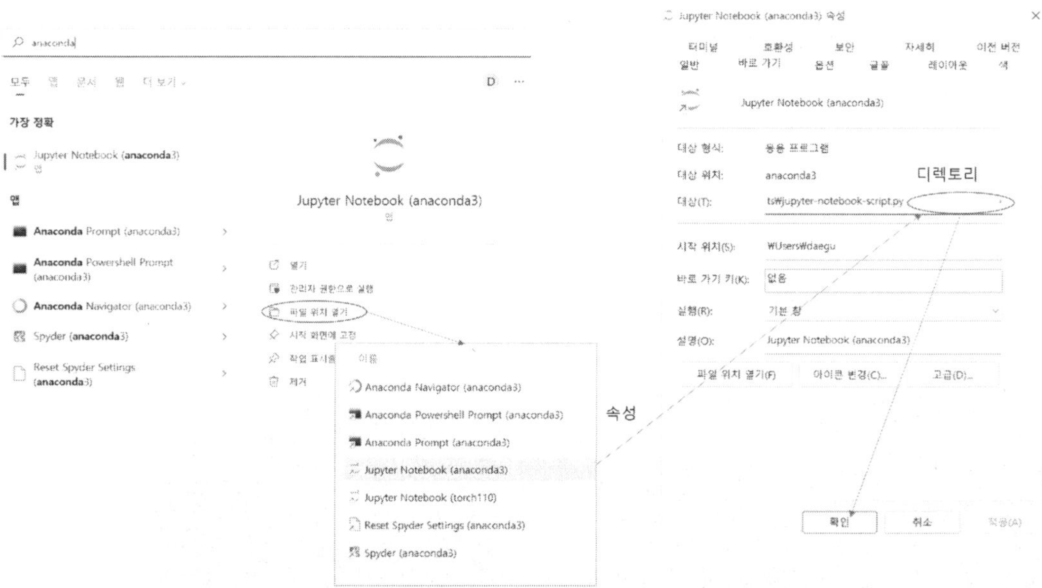

그림 1-11 주피터 노트북의 파일 저장 디렉토리 변경 과정

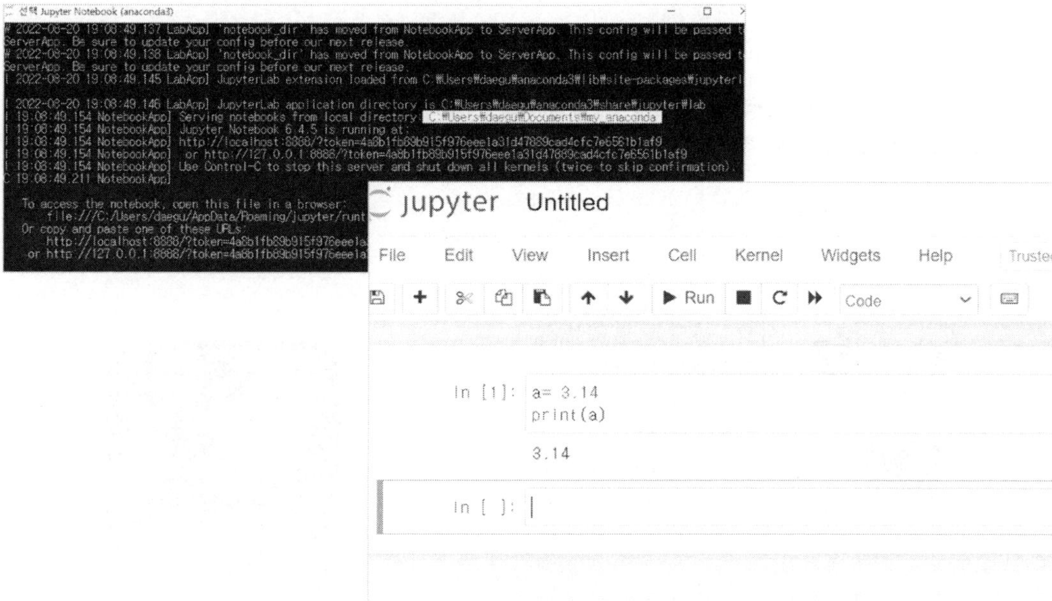

그림 1-12 주피터 노트북 사용 예

Exercise

1. 여행을 위해서 짐을 꾸리는 과정을 체계적으로 서술해 보자. 다음과 같이 물건과 필요성이 정해져 있다고 할 때, 목표를 설정하고 가장 효율적으로 짐을 싸는 방법을 자유롭게 표현해 보시오.

셔츠 : 무게 3 필요성 6
양말 : 무게 1 필요성 1

노트북 : 무게 6 필요성 6
계산기 : 무게 2 필요성 1
필기구 : 무게 2 필요성 1

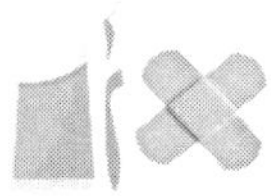

구급약 : 무게 1 필요성 3
칫솔치약 : 무게 1 필요성 5

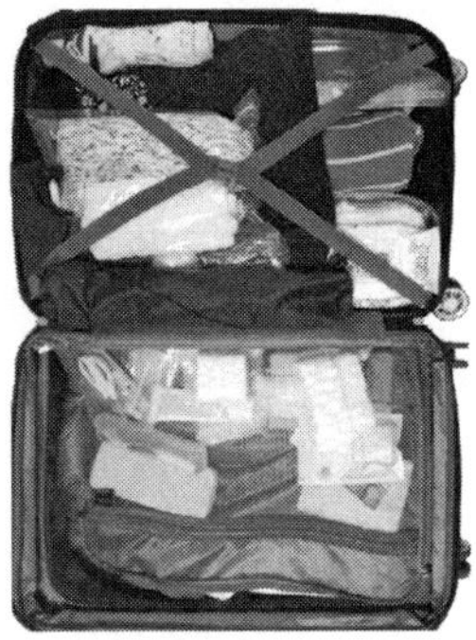

2. 주피터 노트북을 실행하고 새로운 파이썬 파일을 생성하여 다양한 기능을 알아보자.

(1) 주피터 노트북에서 일반 문서의 형식으로 주석 등을 편집할 수 있는 기능은 무엇인가?

(2) 다음과 같이 실행 코드를 입력하고 실행하고자 한다. 어떤 메뉴와 단축키를 사용하는가?

```
num=3.14
str = "Python"
print(num)
print(str)
```

(3) Run Cells의 기능은 무엇인가?

(4) Run All의 기능은 무엇인가?

Chapter 2

배열과 파이썬 리스트 : 번호 붙이기

2.1 배열의 구조

2.2 파이썬 리스트

2.3 파이썬 리스트 실습

우리는 일상에서 '배열'이라는 용어를 자주 사용한다. 키보드 자판은 일정한 규격과 순서로 배열되어 있으며, 상점에서 상품을 잘 팔리는 순서로 배열해 놓기도 한다. 도서관의 책들도 일련번호에 의해서 관리가 쉽도록 책장에 배열된 상태를 볼 수 있다. 이러한 예들을 생각해 볼 때, 배열은 같은 형태의 자료들이 순서에 따라서 배치된 자료구조라고 할 수 있다. 키보드 자판, 상품, 도서 등을 서로 섞어서 다루지는 않는다는 것이며, 배열이라고 지칭하는 이유는 '순서'에 의미가 있기 때문이다.

순서는 번호를 붙여서 표시하면 가장 간편하다. 서로를 구분할 수 있고, 번호 순서대로 나열할 수도 있으며, 원하는 번호의 자료를 바로 꺼내어 볼 수도 있다. 물론 번호를 바꾸어서 순서를 다시 배치하고 특정 번호는 특별하게 사용하기도 한다. 바로 이러한 원리를 자료구조에 적용한 것이 배열이다.

일상에서 순서대로 번호를 붙이는 일을 매우 빈번히 활용하듯이, 배열도 컴퓨터 프로그램에서 활용도가 높은 기본적인 자료구조이다. 또한 자료구조와 알고리즘을 구현하는데 있어서도 배열을 잘 이해하는 것은 메모리 구조를 이해하는 측면에서도 중요하다.

2.1 배열의 구조

자료구조에서 배열은 일상에서 접할 수 있는 번호 순서대로의 나열이라는 개념을 도입하고 있으며, 프로그래밍의 효율성을 높이기 위해서 몇 가지 규칙이 추가되어 있다.

먼저 배열을 메모리에 만들면 항상 연속된 공간을 차지하도록 해야 한다. 예를 들어, 책장에서 어떤 책을 꺼내었을 때, 그 빈 공간을 메우기 위해서 남은 책들을 이동할 필요는 없다. 그러나 빈 공간을 만들지 않았을 때는 중간에 꺼내어진 책의 개수를 고려할 필요 없이 마지막 위치의 번호를 알면 전체 책의 개수를 알 수 있다.(책꽂이의 칸마다 번호가 붙어있다고 가정)

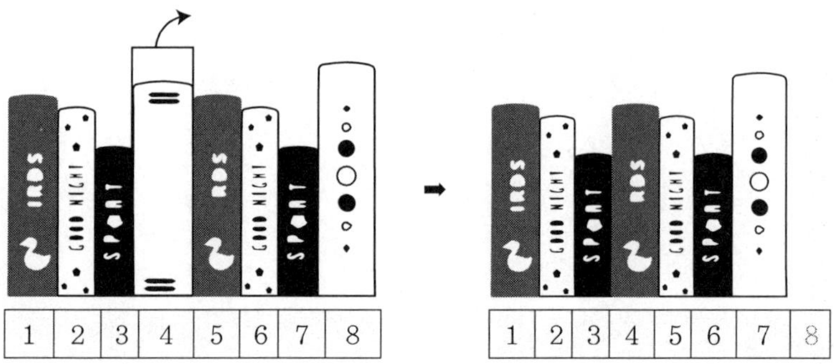

배열의 경우는 중간에 자료가 삭제되었을 때 나머지 자료를 순서대로 이동시켜서 연속된 공간에 배치되도록 한다. 이것은 메모리 공간을 효율적으로 사용하기 위한 것과 더불어 배열의 마지막에 위치한 자료 번호를 통해서 전체 개수를 바로 알 수 있도록 하기 위한 것이다. 이러한 원리가 활용되려면 배열의 자료마다 번호를 붙여야 할 것이다. 이 번호를 인덱스라고 부르며, 배열의 인덱스는 0으로 시작하는 것으로 정해져 있다. 그래서 우리가 첫 번째 자료라고 생각되는 값은 인덱스 0으로 표시되어 있다.

배열을 구성하는 개별 자료를 원소(element) 또는 항목 등으로 부른다. 그림 2-1은 책의 일련 번호를 관리하기 위해서 네 개의 번호를 메모리에 저장한 배열이다. 네 개의 일련 번호가 인덱스 0부터 3까지를 사용하는 공간에 나열되어 있으며, 첫 번째 항목을 삭제하면 뒤쪽의 항목들이 차례로 이동하여 여전히 인덱스 0부터 사용하게 되며 항목의 개수는 세 개가 남아 있다.

배열을 구성하는 항목의 개수를 배열의 크기라고도 하며, 마지막 인덱스보다 1개가 더 많음을 알 수 있다. 배열의 크기를 n이라고 하면 마지막 인덱스는 $n-1$이 성립된다.

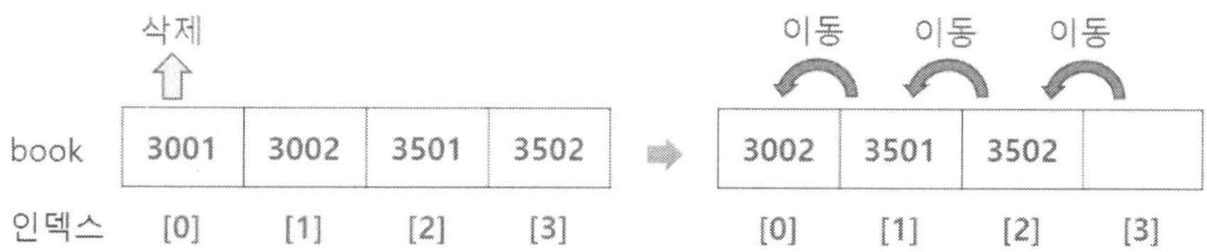

그림 2-1 배열에서 항목 삭제

배열의 항목은 직접 다룰 수 없고, 인덱스를 지정하여 읽거나 변경하거나 삭제한다. 그림 2-1의 전체 배열은 book이라는 이름이며, 첫 번째 항목의 값 3001은 book[0]로 지정하여 삭제할 수 있다. 'book[0]을 삭제하라'와 같은 명령문을 통해서 수행된다. 이와 같이 배열의 개별 항목은 '배열이름[인덱스]'의 형식으로 지칭한다. 인덱스를 사용하면 한 번에 원하는 항목에 접근할 수 있다는 장점이 있다. 예를 들어 그림 2-1에서 book[3]라고 지칭하면 배열 항목의 처음부터 하나씩 찾을 필요 없이 인덱스 3으로 지정하여 세 번째 값을 알게 된다는 것이다.

이제 삽입 과정을 살펴본다. 그림 2-2와 같이 배열 book의 두 번째에 새로운 도서 번호를 삽입하는 것은 인덱스 1의 위치인 book[1]에 저장한다는 것이다. 이를 위해서는 현재 book[2]의 값이 book[3]으로, book[1]의 값은 book[2]로 차례로 이동하고 book[1]을 빈 자리로 만드는 과정을 수행한다. 이 과정이 없이 메모리의 book[1]에 새로운 값을 먼저 저장하면 덮어쓰게 되므로 원래의 값이 사라진다는 것에 유의해야 한다.

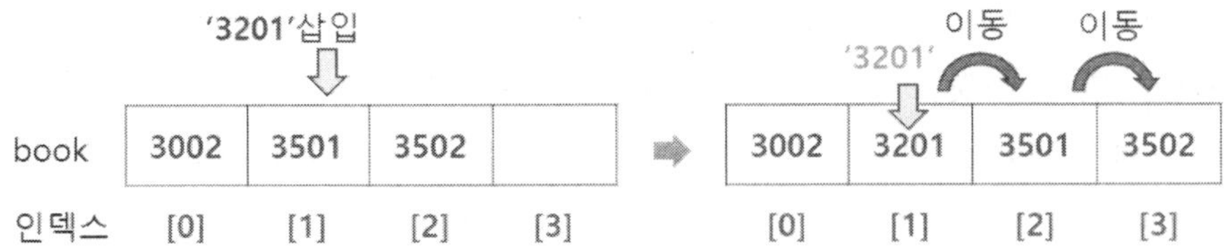

그림 2-2 배열에서 항목 삽입

배열을 저장하면 메모리 공간에 배열의 크기만큼 할당되기 때문에 book[4]와 같이 인덱스를 확장해서 사용할 수 없다. 만약 'book[4] = 10'과 같은 연산 시에는 오류가 발생한다. 그러므로 배열의 크기를 고려해야 하는 점을 유의한다. 그리고 삽입이나 삭제 시에 항목들을 이동시켜야 하는 번거로움이 있으며, 배열의 최초 크기에 따라서 메모리의 연속된 공간을 확보해야 하는 제약점도 있다.

그럼에도 불구하고, 배열은 그 사용성 측면에서 도서의 일련 번호나 학생의 학번처럼 번호를 붙여서 자료를 관리하는 할 때의 편리성을 보장 받을 수 있는 개념을 자료구조에 적용하여, 대용량의 자료를 저장하고 삭제하거나 새로운 자료를 삽입하는 등의 작업을 간단한 원리로 구현할 수 있다.

파이썬에서는 리스트(list)라는 자료형을 이용해서 배열을 용이하게 구현할 수 있다. 따라서 파이썬 리스트의 사용법을 잘 활용하는 것이 배열의 구현에 매우 효과적이다.

2.2 파이썬 리스트

리스트(list)의 사전적 의미는 목록이다. 도서관의 책들은 하나씩 개별적으로 관리하는 것이 아니라 전체를 목록으로 기록하고 번호를 부여하여 관리의 효율성을 높인다. 이와 같이 목록 형태로 자료를 구성하는 것을 리스트라고 하며, 메모리에 만들어지는 파이썬 리스트는 연속적인 공간에 자료의 순서를 유지하는 구조이다. 이 순서는 인덱스로 구현된다.

파이썬 리스트를 사용하면 배열 구조가 필요한 프로그램의 구현이 매우 편리해진다. 예를 들어 그림 2-2에서 본 바와 같이 배열의 중간에 새로운 항목을 삽입하는 기능을 구현하려면 다른 항목의 이동과 삽입 연산을 코딩하여야 한다. 그림 2-3은 배열의 메모리 상태와 삽입 연산 코드를 의사코드(pseudo code)로 보여주는 예이다.

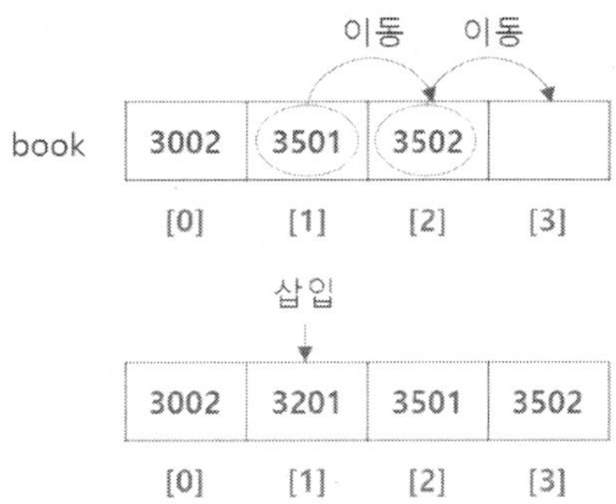


```
for i ← 3 to 2
        book[i]=book[i-1]
        i ← i-1
book[i-1]=3201
```

그림 2-3 배열 항목의 삽입 연산

파이썬 리스트를 사용한다면 이와 같은 과정을 간단히 구현할 수 있다. 먼저 배열 book을 리스트로 저장하고 insert()함수를 호출한다. insert()함수 내에 반복적으로 자료를 이동하고 삽입하는 과정이 모두 구현되어 있어서, 삽입하고자 하는 위치의 인덱스와 삽입할 값만 전달하면 된다.

```
book = [3002, 3501, 3502]
book.insert(1, 3201)  #book의 인덱스 1에 3201을 삽입하라
```

이처럼 파이썬에는 리스트로 다룰 수 있는 많은 기능들을 직관적으로 구현하는 함수들과 연산자가 있으며 이를 '리스트이름.함수'의 형식으로 호출하여 사용한다.

리스트의 생성은 [1,2,3], ['h', 'e', 'l', 'l', 'o']와 같이 숫자나 문자 등의 한 가지의 자료형만으로 구성할 수도 있고, [0, 'a,', 'high', -0.9]와 같이 여러 자료형을 묶어서 만들 수도 있다. 일반적으로 배열은 동일한 자료형의 목록인 반면에, 파이썬 리스트는 여러 가지 자료형을 한 개의 리스트로 저장할 수 있다.

다음과 같이 여러 가지의 리스트를 생성하고 출력하여 보자.

```
intList = [1,2,3,4,5]    #정수로 구성된 리스트
strList = ["Hello"]      #문자열 하나로 구성된 리스트
charList = ['h','e','l','l','o']     #문자들로 구성된 리스트
myList = [0,'a','high', -0.9]     #여러 자료형의 항목으로 구성된 리스트

print(intList)
print(strList)
print(charList)
print(myList)
```

실행한 결과는 다음과 같이 각 리스트의 항목들이 [ ]내에 콤마(,)로 구분되어 출력된다.

```
[1, 2, 3, 4, 5]
['Hello']
['h', 'e', 'l', 'l', 'o']
[0, 'a', 'high', -0.9]
```

리스트의 항목을 삽입하고 삭제하는 함수는 insert()와 pop() 등이 있다. pop()은 삭제할 항목의 인덱스를 전달한다. 그리고 파이썬 리스트는 메모리 공간을 가변적으로 사용할 수 있어서 삽입, 삭제 시 리스트 초기 크기를 고려할 필요가 없다.

```
intList = [1,2,3,4,5]
intList.insert(0,-1) #인덱스 0에 -1 삽입
print(intList)
intList.pop(0)    #인덱스 0의 항목 삭제
print(intList)
intList.insert(4,10)
print(intList)
intList.pop(3)    #인덱스 3의 항목 삭제
print(intList)
intList.pop(4)    #인덱스 4의 항목 삭제
print(intList)

-결과-
[-1, 1, 2, 3, 4, 5]
[1, 2, 3, 4, 5]
[1, 2, 3, 4, 10, 5]
[1, 2, 3, 10, 5]
[1, 2, 3, 10]
```

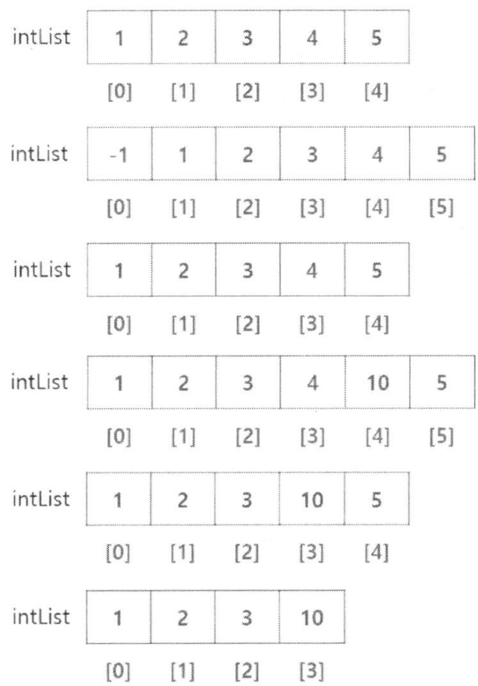

파이썬 리스트는 인덱스를 활용하는 다양한 함수가 제공되고 있다. 특히 음수 인덱스를 함께 사용할 수 있으며 이것은 리스트의 마지막 항목을 -1로 인덱싱하여 앞쪽으로 1씩 감소된다.

리스트의 항목의 일정 범위를 읽어오는 방식을 슬라이싱이라고 한다. 슬라이싱은 '리스트이름[시작:끝:간격]'의 형식으로 사용하며, 시작 인덱스의 항목은 포함되며, 끝의 인덱스는 바로 앞쪽의 항목까지를 말한다. 간격은 양수, 음수 모두 가능하며 인덱스가 가감되는 값이며 생략하면 1씩 증가한다. 위의 코드에서 리스트 intList의 인덱스 1부터 2까지를 지정하고자 한다며,

intList[1:3]과 같이 나타낸다. intList[::2]와 같이 나타내면 시작과 끝을 생략하였으므로 리스트의 첫 번째 항목부터 마지막 항목까지 인덱스를 2씩 증가시키면서 값을 읽어온다. 다음의 예를 통해서 슬라이싱의 이해도를 높이도록 하자.

```
print(intList[1:3])
#인덱스1 부터 3전까지, 즉 인덱스 1, 2의 항목
print(strList[:])
#처음부터 끝까지
print(charList[::2])
#처음부터 끝까지 인덱스 +=2로 이동
print(myList[:3])
#처음부터 인덱스 2까지
print(intList[-4:-1:2])
#인덱스 -4에서 -1까지 인덱스 +=2로 이동

-결과-
[2, 3]
['Hello']
['h', 'l', 'o']
[0, 'a', 'high']
[2, 4]
```

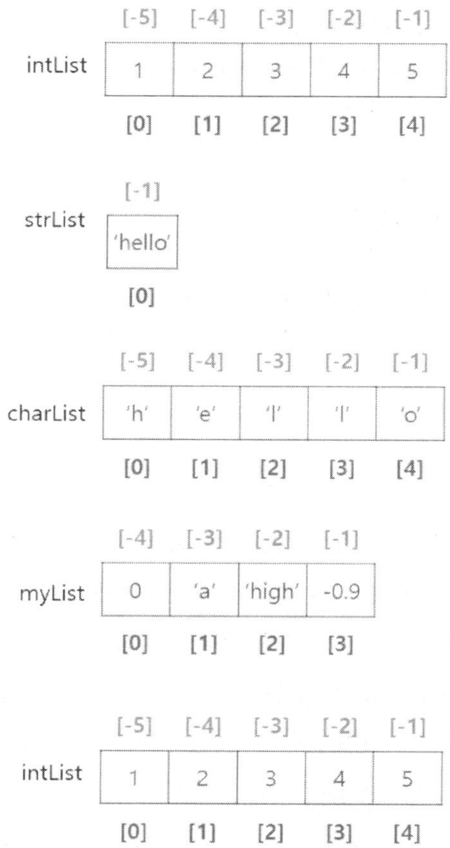

리스트의 마지막에 새로운 항목을 추가하는 함수는 append()이다. 인덱스를 지정할 필요가 없이 값을 전달받아서 리스트의 맨 끝에 붙여준다. pop()함수는 인덱스를 전달하지 않으면 리스트의 마지막 항목을 삭제한다. 파이썬의 리스트는 그 크기가 가변적이기 때문에 항목의 확장이 자유롭다. 다음의 예를 통해서 리스트에서 항목의 추가와 삭제 등을 알아볼 수 있다.

```
strList = ["Hello"]
print(strList)
strList.append("world") #마지막에 추가
print(strList)
strList.append("!")
print(strList)
strList.pop() #마지막 항목 삭제
print(strList)

-결과-
['Hello']
['Hello', 'world']
['Hello', 'world', '!']
['Hello', 'world']
```

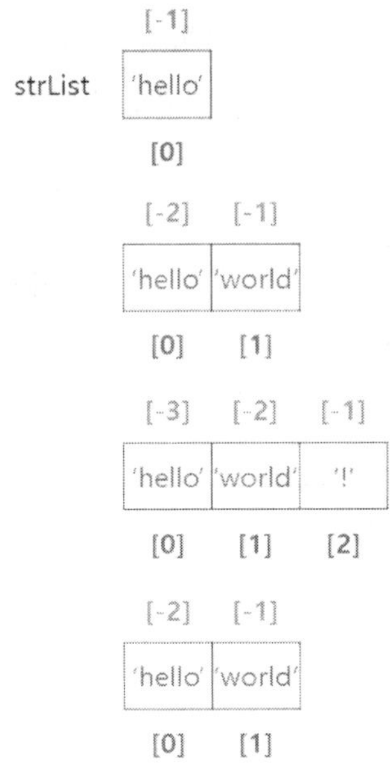

리스트의 크기는 저장된 항목의 개수로 나타내며, len()함수를 통해서 알 수 있다. 다음의 예에서 list()함수는 문자열에서 각 문자를 분리하여 리스트로 구성하는 함수이다. 연산식에 의해서 인덱스를 설정하고자 할 때, 정수로 표현해야 하므로 나눈 몫을 계산하여 정수 부분을 리턴하는 연산자인 '//'을 이용할 수 있다. 예를 들어 3//2, 3.5//2의 두 연산식의 값이 1, 1.0으로 나타난다. 문자열을 리스트로 구성하고 append(), len(), insert(), pop()함수를 호출한 후의 리스트의 상태를 생각해 보고 실행 결과를 확인하자.

```
tempList = list("hello")   #list 함수: 리스트로 구성해 준다.

tempList.append(5)
print(tempList)
n=len(tempList)   #len(리스트)은 리스트의 길이(크기)를 리턴
print(n)

tempList.insert(n//2,'*')   #//은 나누기 연산자
print(tempList)

tempList.pop()
tempList.pop(-3)
print(tempList)
print(len(tempList))
```

2.3 파이썬 리스트 실습

파이썬 리스트를 활용한 버킷리스트 관리 프로그램을 구현해 보자. 버킷리스트를 작성한다고 가정해 보면, 항목을 추가하고, 삭제하고, 순서를 바꾸는 일을 할 것이다. 이러한 작업을 한 개의 클래스로 묶어서 코딩하면 확장성 등에서 훨씬 유리하다. 즉, 더 필요한 일들이 발생하면 해당 역할을 담당하는 함수를 추가시킬 수 있으며, 역할 변경 시에 함수의 수정, 삭제 등이 클래스 내에서 이루어진다.

먼저 클래스 정의를 알아보자. 클래스의 이름은 Bucketlist로 정하고, 필요한 기능과 이를 수행하는 각 멤버 함수를 다음과 같이 가정한다. 이와 같이 클래스의 역할과 기능을 멤버 함수와 멤버 변수들로 정의하는 것을 추상자료형(Abstract Data Structure)라고 한다. 추상자료형은 함수 내의 구체적인 수행 기능은 숨겨져 있고, 사용자는 단지 필요한 함수를 호출하여 그 기능을 사용할 수 있는 인터페이스를 제공한다.

기능	멤버 함수
현재 버킷리스트 보기	showList()
항목 추가하기	append(str) : str은 추가할 항목의 내용
항목 삭제하기	delete(n) : n은 삭제할 항목의 번호(순서)
특정 번호(순서)에 항목 추가하기	insert(n, str) : n은 번호(순서), str은 항목의 내용
특정 번호(순서)의 항목 보기	find(self,n) : n은 보고자 하는 항목의 번호(순서)

이렇게 정의한 클래스 Bucketlist의 생성자에서 버킷리스트 항목들을 저장할 자료를 리스트로 만들어 주도록 하자. 최초에는 빈 리스트로 초기화한다.

클래스의 생성자는 반드시 정의해야 하며 '__init__(self)'로 이름이 정해져 있다. 물론 매개 변수는 필요한 경우에 전달한다.

각 멤버 함수는 항목의 추가, 삭제, 특정 위치에 삽입 등의 역할을 수행하도록 파이썬 리스트 함수들을 적절히 활용하여 구현할 수 있다. 클래스 내에서는 self를 표시한다.

```
class Bucketlist:
    def __init__(self): #생성자
        self.list=[]      #빈 리스트를 생성한다.

    def showList(self):
        print('* 현재 버킷리스트입니다')
        for i in range(len(self.list)):
            print(i+1,':',self.list[i])    #번호를 1부터 시작

    def append(self,str):
        self.list.append(str)                 #리스트의 마지막에 항목 추가

    def delete(self, n):           #해당 번호의 리스트 삭제
        self.list.pop(n-1)

    def insert(self, n, str):     #특정 번호(순서)에 항목 추가
        self.list.insert(n-1,str)

    def find(self,n):    #특정 번호의 항목 출력
        print(n, '번째 :',self.list[n-1])
```

① showList() : list의 내용을 반복문을 이용하여 출력한다.
range(len(self.list))는 0에서 list 크기 -1까지 정수를 생성한다.
예) range(5) => 0~4 => list(range(5) => [0, 1, 2, 3, 4]

② append(str) : 새로운 항목을 리스트의 마지막에 추가한다.
list.append(str)를 활용한다.

③ delete(n) : n번째 항목을 리스트에서 삭제한다.
list.pop(n-1)를 활용한다.

④ insert(n, str) : n번째에 항목 str을 삽입한다.
list.insert(n-1, str)를 활용한다.

⑤ find(n) : n번째 항목을 출력한다.
list[n-1]의 항목을 출력한다.

Bucketlist 클래스를 객체로 생성하고 나의 버킷리스트를 관리하는 프로그램을 작성해 보자. 먼저 초기 상태의 리스트에 네 가지 항목을 임의로 추가한다. 그리고 showList()를 호출하여 전체 리스트를 출력해 본다. 리스트의 삽입, 삭제 등의 연산을 실행해 본다.

```
myList = Bucketlist()  #객체 myList 생성
#버킷리스트 항목 추가
myList.append('운동하기')
myList.append('제주 여행')
myList.append('파이썬 배우기')
myList.append('등산')

myList.showList() #버킷리스트 출력
myList.delete(3) #3번째 항목 삭제
myList.showList()
myList.insert(2, '가방 정리') #2번째에 추가
myList.find(2)
```

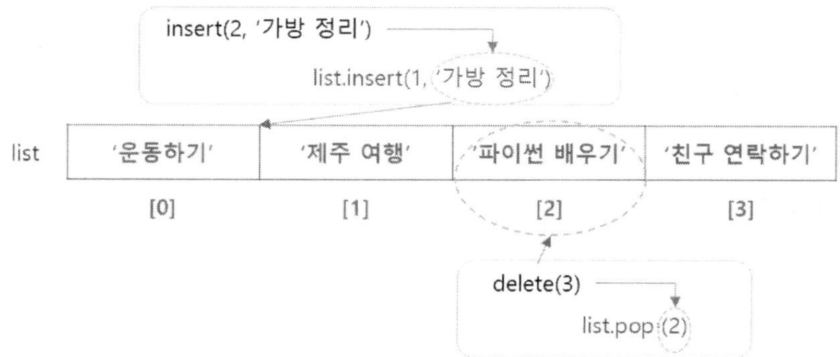


```
myList.showList()
myList.append('등산')
myList.showList()
```

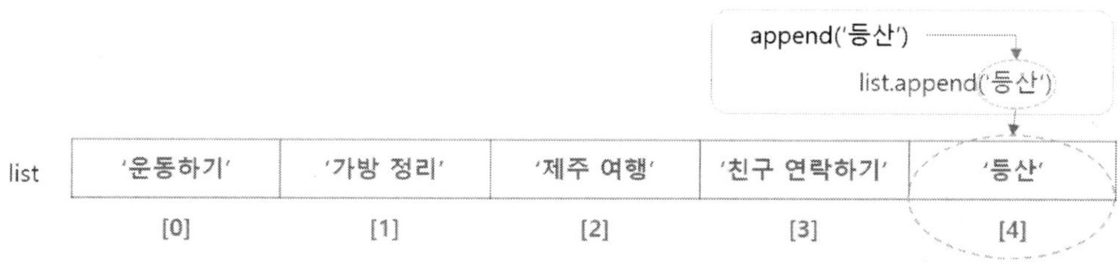

실행 결과는 다음과 같다. 리스트의 첫 번째 항목은 인덱스 0에 저장되어 있으나, 이를 1번으로 시작하도록 출력하며, 항목 삽입, 삭제 등으로 변경된 리스트를 볼 수 있다.

```
* 현재 버킷리스트입니다
1 : 운동하기
2 : 제주 여행
3 : 파이썬 배우기
4 : 친구 연락하기
* 현재 버킷리스트입니다
1 : 운동하기
2 : 제주 여행
3 : 친구 연락하기
2 번째 : 가방 정리
* 현재 버킷리스트입니다
1 : 운동하기
2 : 가방 정리
3 : 제주 여행
4 : 친구 연락하기
* 현재 버킷리스트입니다
1 : 운동하기
2 : 가방 정리
3 : 제주 여행
4 : 친구 연락하기
5 : 등산
```

1. 빈 리스트에 다음과 같은 연산을 차례로 수행한 후 리스트 항목의 개수와 인덱스 0에 해당되는 항목 값이 무엇인지 쓰시오.

```
l=[]
l.insert(1, 10)
l.insert(1, 11)
l.pop()
l.insert(0, 12)
l.insert(3, 13)
```

2. 리스트의 특정 항목을 변경하는 함수를 다음과 같이 작성하였다. 리스트의 인덱스를 이용하여 항목을 변경하도록 빈칸을 채우시오. 여기에서 생성된 리스트는 변수 temp라고 가정한다. 또한 i는 인덱스이며, val은 값을 나타낸다고 가정한다.

```
def replace(i, val) :
    temp[(1)_______] = (2)_________
```

3. 임의의 리스트가 정수로만 구성되어져 있다고 가정하고 모든 항목의 합을 리턴하는 함수를 구현하시오. 이 함수를 테스트하는 코드를 다음과 같이 작성한다.

```
list=[10,30,20,60,50,40]
print(element_sum(list))
```

4. 다음과 같은 리스트에서 pop(-2) 연산을 4회 반복 호출한다고 가정하자.

```
list=[10, 30, 20, 60, 50, 40, 70, 100]
list.pop(-2);  list.pop(-2);  list.pop(-2);  list.pop(-2);
```

(1) 이를 실행한 후 list를 출력한 결과를 쓰시오.

(2) 위 (1)의 list를 역순으로 출력하고자 한다. 빈 칸을 채우시오.

```
n=len(list)
for i in range(n):
    print(list[          ])
```

5. 2.3절의 클래스 Bucketlist의 멤버 함수로 changeOder(m, n)을 추가하시오. 이 함수는 m번째 항목과 n번째 항목을 서로 교환하여 순서를 변경한다. 단, $1 \leq m, n \leq$ 리스트의 크기로 가정한다. 예를 들어서, 리스트의 항목이 6개 이상일 때 changeOrder(3, 6)으로 호출한다면 리스트의 3번째 항목과 6번째 항목을 서로 교환한다.

Chapter 3

스택 : 쌓아 올리기

3.1 스택의 원리

스택(stack)은 '무더기'나 '더미'라는 의미를 갖는 단어이다. 또한 물건 등을 '쌓다', '포개다'와 같은 의미의 동사로도 사용된다. 자료구조에서 스택은 자료를 포개어 쌓아 올리는 것을 말한다. 새로운 자료가 들어오면 현재 자료 더미의 위쪽에 쌓아 올리고, 맨 위의 자료를 먼저 꺼내어 오게 된다. 마치 물건들을 포개어서 보관하고, 사용할 때는 가장 위쪽의 물건을 꺼내는 것과 같다. 이처럼 스택은 자료를 관리하는 방법이 비교적 간단하여 매우 다양하게 활용되는 자료구조 중의 하나이다.

스택이 어떻게 활용될 수 있는지 그림 3-1을 보면서 생각해 보자. 번호가 표시된 공을 긴 원통에 넣은 후 하나씩 꺼내어 공에 적힌 번호를 순서대로 나열해 보자. 다시 꺼낸 공들의 번호는 '1 → 8 → 2 → 11 → 4'의 순서가 될 것이다. 원통의 입구에서 공을 넣을 수 있으며, 꺼내는 작업도 원통의 입구에서만 할 수 있다. 이 원통에서 공을 하나씩 꺼내면 들어간 반대의 순서로 나온다는 것을 알 수 있다. 그 이유는 원통의 입구가 하나이기 때문이다. 이것이 스택의 원리이다.

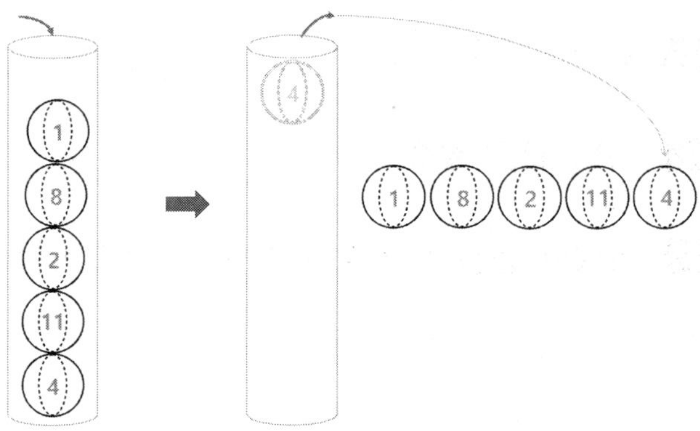

그림 3-1 스택의 원리

번호가 적힌 공을 자료라고 생각한다면 스택은 자료를 넣거나 빼내는 입구가 하나인 형태라는 것이며, 이 때문에 자료를 넣은 반대의 순서로 활용하게 된다. 즉 가장 마지막에 들어간 자료를 가장 먼저 꺼내어 볼 수 있다.

자료구조에서 스택은 자료를 저장하는 공간인 원통뿐만 아니라 입구에서 공을 넣고 빼내는 작업을 수행하여 들어간 순서의 반대 순서로 공을 사용하는 동작까지 모두 포함하는 개념이다. 스택을 구현할 때 원통의 역할을 하게 되는 자료 저장 공간과 자료에 해당하는 공을저장 공간에 넣는 함수와 빼내어 오는 함수를 한 개의 클래스로 정의하고 이것을 스택 클래스라고 한다.

그림 3-2 후입선출의 개념

그림 3-2처럼 먼저 쌓아진 자료가 가장 나중에 꺼내어지는 스택의 동작 방식을 후입선출(LIFO, Last -In First-Out)이라고 한다. 이미 알아본 바와 같이 후입선출의 구조는 입력의 반대 순서로 자료를 구성할 때 편리하게 사용할 수 있다. 문서 편집기나 웹브라우저에서 되돌리기, 이전 페이지로 이동 등도 스택을 이용하여 작업을 순서대로 저장한 후 다시 역순으로 작업을 취소하여 구현할 수 있다.

3.2 스택의 구현

지금부터 스택을 구현하는 방법을 알아본다. 먼저 원통과 같이 자료를 저장할 수 있는 메모리 공간을 지정해야 한다. 여기에서 자료를 넣거나 빼내는 입구를 스택 상단(top)이라고 하며, 논리적인 입구를 정한다고 생각하면 된다. 파이썬 리스트를 사용하여 메모리 공간을 배열 구조로 구현한다.

s_list는 리스트 이름의 예이며, 스택 클래스에서 자료를 저장하는 메모리 상의 공간이다. 최초에는 자료가 저장되지 않은 상태이므로 빈 리스트로 초기화한다.

스택의 저장 공간이 만들어졌으므로, 이곳에 자료를 넣고 빼내는 작업을 수행하는 함수를 정의한다. 이때 자료를 넣는 것을 삽입, push라고 하고 빼내는 작업을 삭제, pop이라고 한다.

push의 경우, 스택의 전체 크기가 정해져 있다면 더 이상 자료를 넣을 수 없을 수 있으므로 스택이 가득 찬 상태인지를 먼저 알아봐야 한다. 그러나 파이썬 리스트로 스택을 구현하면 리스트의 크기가 유동적이므로 이 과정은 생략하여도 무방하다.

단, pop을 실행할 경우는 구현하는 언어에 상관없이 스택에서 꺼내어 올 자료가 남아 있는지를 검사해야 한다. 스택이 비어 있는지를 검사하는 작업을 isEmpty라고 하자.

스택을 다른 관점에서 생각해 보면, 하나의 입구에서 자료를 넣거나 빼내는 작업만 가능한 구조이다. 그림 3-1에서 2번 공을 꺼내기 위해서는 먼저 1번과 8번 공을 차례로 꺼내어야 한다. 중간에서 2번 공을 바로 꺼낼 수 있는 방법이 없는 것처럼, 스택을 구현할 때 저장 공간의 중간에서 자료를 꺼내어 오는 함수는 없다.

이처럼, 가장 나중에 추가한 자료를 가정 먼저 꺼내어 오는 후입선출의 자료구조인 스택 클래스에 포함할 수 있는 최소한의 함수는 push(), pop(), isEmpty()이다. 추가적으로 스택에 저장되어 있는 자료의 개수를 알아보는 size()와 스택 공간을 비워서 초기화하는 clear()를 정의하자.

클래스 정의는 클래스에 속한 멤버들과 각 기능을 설계하는 것이다. 다음 표의 빈 칸을 채우면서 스택 클래스에 구성되는 멤버들과 역할을 설명 보자. (클래스에 정의된 함수들을 클래스 멤버라고 한다.)

이름	설명
s_list	자료를 저장하는 리스트
①	리스트에 자료(값)을 삽입하는 함수
pop()	②
isEmpty()	③
④	리스트에 저장되어 있는 자료의 개수를 알려주는 함수
clear()	⑤

클래스를 구성하는 멤버를 정의하였으니, 각 멤버 함수들의 기능을 구현해 보자.

첫 번째로 생성자는 최초로 클래스 객체를 메모리에 생성할 때 호출된다. 생성자는 s_list라는 이름의 빈 리스트를 만든다.

```
def __init__(self) :
        self.s_list = [ ]  #스택 저장 공간을 빈 리스트로 생성한다.
```

push()는 매개인자로 data를 넘겨 받아서 스택 저장 공간인 s_list의 마지막 부분에 넣어주도록 파이썬 리스트의 append()를 사용한다.

```
def push(self, data) :  #push는 삽입할 자료(값)를 필요로 한다.
        s_list.append(data)
```

삭제의 경우는 먼저 스택이 빈 상태인지를 알아봐야 한다. 빈 상태가 아닌 경우에만 자료를 꺼낼 수 있으므로, isEmpty()가 상태를 반환해 준다. sEmpty()는 스택 클래스의 s_list에 저장된 자료가 있다면 빈 상태가 아니므로 False를 리턴하고 그렇지 않다면 빈 상태가 맞기 때문에 True를 리턴한다. s_list의 길이를 알려주는 len()는 파이썬 내장함수로, s_list에 저장된 자료(값)의 개수를 리턴한다. 따라서 len(s_list)가 0과 같으면 True, 0이 아니면 False를 리턴하도록 isEmpty()를 구현한다.

```
def isEmpty() :
        return len(self.s_list) == 0  #s.list의 길이가 0이면 빈 상태를 의미한다.
```

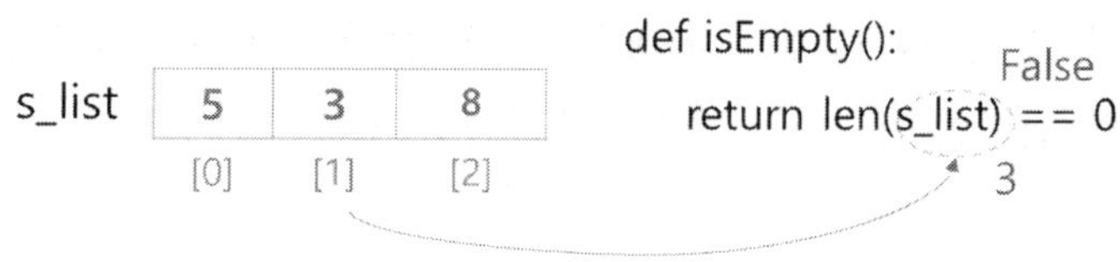

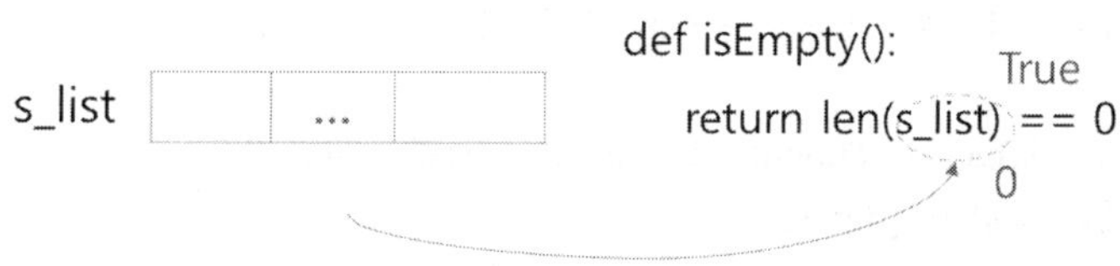

pop()은 스택 저장 공간인 s_list의 마지막 인덱스에 위치한 값을 가져온다. 파이썬 리스트는 음수 인덱스를 사용하기 때문에 인덱스 -1의 위치에서 값을 가져오면 마지막에 삽입된 자료를 꺼내오는 기능을 구현한다. 파이썬 리스트에서 제공하는 함수인 pop(index)은 index로 전달된 위치의 자료를 반환하고 리스트에서 삭제한다. 즉 스택의 상단에서 자료를 꺼내 오게 되므로 메모리의 저장 공간에서 마지막 값이 삭제된 상태로 변화된다.

```
def pop(self) :
        if not isEmpty() : #현재 빈 상태가 아니라면
           return s_list.pop(-1) #가장 마지막에 삽입된 자료를 반환하고 삭제한다.
```

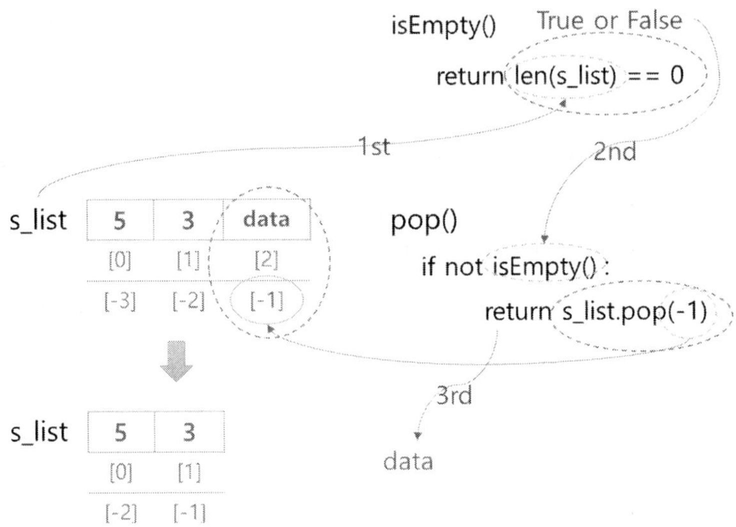

이와 같이 멤버 함수들을 정의한 클래스 Stack은 다음과 같다. 다양한 실습에서 이 클래스를 객체로 생성하여 스택의 원리를 이용하여 문제를 해결해 본다.

```
class Stack :
   def __init__( self ):
      self.s_list = [] #스택 저장 공간을 빈 리스트로 생성한다.

   def push(self, data) :  #push는 삽입할 자료(값)를 필요로 한다.
      self.s_list.append(data)
   def pop(self) :
        if not self.isEmpty() : #빈 상태가 아니라면
              return self.s_list.pop(-1) #가장 마지막에 삽입된 자료(값)을 반환하여 삭제한다.
   def isEmpty(self) :
        return len(self.s_list) == 0  #s_list의 길이가 0이면 빈 상태를 의미한다.
   def size(self) :
        return len(self.s_list)
   def clear(self) :
        self.s_list = []
```

스택 클래스, Stack을 객체로 생성하여 그 기능을 활용하는 테스트 코드를 작성해 보자.

클래스가 정의되었다면 그 기능을 수행할 수 있는 객체를 만들어 주어야 한다. 객체는 메모리에 생성되며 '객체이름.멤버'의 방식으로 각 클래스에 정의된 멤버들을 사용할 수 있다.

다음과 같이 stack이라는 이름의 스택 객체를 생성하고 push()와 pop()을 한 번씩 호출해 보자.

```
stack=Stack() #스택 클래스 객체 생성
stack.push(9) #push 실행
stack.pop() #pop 실행
```

실행 결과를 확인하면 한 개의 정수가 삽입된 후 다시 리스트에서 삭제되어 '9'가 출력된다. 실행이 완료된 후에 isEmpty()를 호출하여 결과를 확인해 보자. 이때 'True'가 출력되어 스택이 빈 상태임을 알 수 있다.

```
stack.isEmpty()
```

스택은 여러 개의 자료를 순서대로 삽입하고 반대의 순서로 삭제하면서 역순의 작업이 필요할 때 유용하다. 삽입과 삭제가 반복적으로 일어나도록 코드를 작성해 본다.

10개의 정수를 input()을 이용하여 키보드로부터 입력받아서 순서대로 스택에 삽입한다. 그리고 5개를 먼저 삭제하여 확인하고, 나머지 5개를 삭제하여 어떤 값들이 나타나는지 실행 결과를 확인하면 키보드에서 입력한 반대의 순서로 정수가 출력될 것이다.

```
for i in range(10):
    n=input("숫자를 입력하세요\n")
    stack.push(n)
print(stack.s_list)
for i in range(5):
    stack.pop()
print("POP 5회 실행 후 : ")
print(stack.s_list)
for i in range(5):
    stack.pop()
print("POP 5회 더 실행 후: ")
print(stack.s_list)
```

3.3 스택 활용 실습

여러 가지 실습을 통해서 스택의 원리를 구현해 보자. 스택 클래스는 이미 정의한 Stack 클래스를 이용한다.

1. 문자열을 키보드로부터 입력하여 회문인지를 검사하는 테스트 코드를 작성하시오.

① 키보드 입력 함수 input()으로 키보드에서 입력되는 값을 문자열 변수에 저장한다.
② 스택 객체를 생성한다.
③ 문자열에서 한 개의 문자씩 스택에 push한다.
④ 스택에서 pop하면서 입력된 문자열의 처음부터 한 문자씩 비교한다.
⑤ 서로 다른 경우이면 False, 끝까지 검사가 완료되면 True이다.

```
instr = input("문자열 입력:")
s = Stack()

for ch in instr:
    s.push(ch)

for ch in instr:
    if ch != s.pop() :
        print("회문이 아님")
        break
if s.isEmpty():
    print("회문이 맞음")
```

2. 파일의 내용을 읽어서 역순으로 출력하는 프로그램을 작성하고자 한다. 예를 들어서 "Hi there!"이 적힌 텍스트 파일을 읽었다면 그 출력이 "!ereht iH"로 출력되도록 스택 클래스의 객체를 이용하여 역순 출력을 구현한다. 스택 클래스는 정의되어 있다고 가정한다.

① 텍스트를 기록한 텍스트(.txt)파일을 만든다. 현재 파이썬 소스 코드와 같은 폴더에 저장한다. (예) test.txt
② 파이썬 내장 함수 open(파일명, 모드, 인코딩타입)을 이용하여 test.txt 파일을 연다. 다음 코드에서 file은 test.txt의 문자열이 메모리에 로딩된 객체이다. 만약 같은 폴더가 아니라면 파일의 전체 경로를 적는다.
   file = open("test.txt", "r", encoding="utf-8")
③ 파일이 열렸다면 file 객체의 read()를 이용하여 파일의 문자열 전체를 가져온다.

data = file.read()

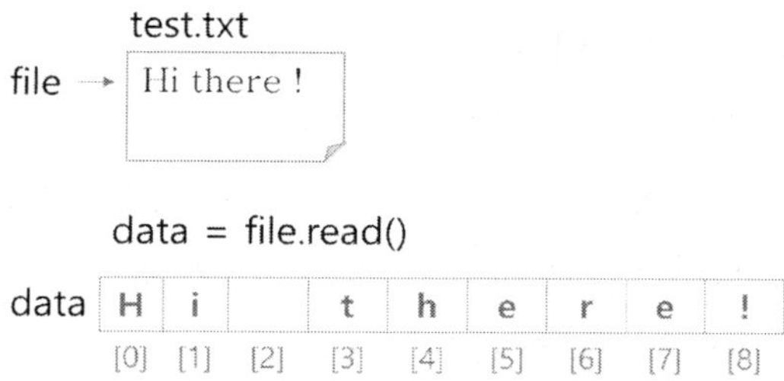

④ 스택 클래스 객체를 생성한다.

⑤ 반복문 for를 이용하여 파일의 내용인 data에서 한 개의 문자씩 읽어서 스택에 push한다.

⑥ 반복문 while을 이용해서 스택이 빈 상태가 되기 전까지 pop을 호출하여 문자를 하나씩 출력한다.

while True :

  리스트가 비었다면 break

  pop하여 문자를 출력

⑦ 파일을 닫는다.

file.close()

```
#파일 열기
file = open("파일 경로", "r", encoding="utf-8")
data = file.read()  #파일의 내용 읽기
read = Stack()     #스택 객체 생성하기

for ch in data:
    read.push(ch)   #파일의 내용을 한 문자씩 push
while True:
    if read.isEmpty(): break
    print(read.pop(), end=" ")  #스택에서 pop하여 출력

file.close()  #파일 닫기
```

3 . 여러 개의 괄호가 포함된 연산식에서 괄호가 정확히 쓰였는지를 확인하기 위해서 스택을 사용한다.

(1) 예로 '5+[7+{X-4+a*2}+ln10}'과 같은 연산식에서 괄호의 오류를 판단하는 괄호 검사 알고리즘을 알아보자.

① 괄호의 종류는 [ ], { }, ( )로 한정한다.

② 괄호가 잘못 사용된 경우는 왼쪽 괄호가 많은 경우, 오른쪽 괄호가 더 많은 경우와 서로 다른 타입의 괄호가 쌍을 이루는 경우이다.

③ 수식은 문자열로 입력되며, 한 개의 문자씩 읽어간다.

④ 왼쪽 괄호 '[' 또는 '{' 또는 '('를 만나면 스택의 리스트에 push한다. 그림 3-3에서 보이는 바와 같이 왼쪽 괄호를 만날 때마다 push 하여 세 개의 괄호가 리스트에 삽입되었다.

⑤ 계속 다음 문자를 읽어가면서 오른쪽 괄호 ']' 또는 '}' 또는 ')'를 만났을 때, 리스트에서 pop을 실행하여 가장 최근에 삽입된 왼쪽 괄호를 얻어 온다.

⑥ 이를 현재 만난 오른쪽 괄호와 비교하여 서로 쌍이 맞는지를 확인한다. 그림 3-3에서는 서로 맞는 괄호이므로 다음 문자를 읽어간다.

⑦ 여기에서 스택의 리스트에는 두 개의 왼쪽 괄호가 기록된 상태이다. 수식의 마지막 문자가 오른쪽 괄호이므로 리스트에서 pop하여 비교하며 서로 맞는 괄호로 판단한다.

⑧ 그림 3-3에서 수식의 문자를 모두 읽은 상태인데, 스택 리스트에는 한 개의 괄호가 남아 있다. 즉 수식에서 모든 괄호를 검사하였는데, 스택의 리스트가 비어 있지 않다면 왼쪽 괄호가 더 많이 쓰인 잘못된 수식임이 확인된다.

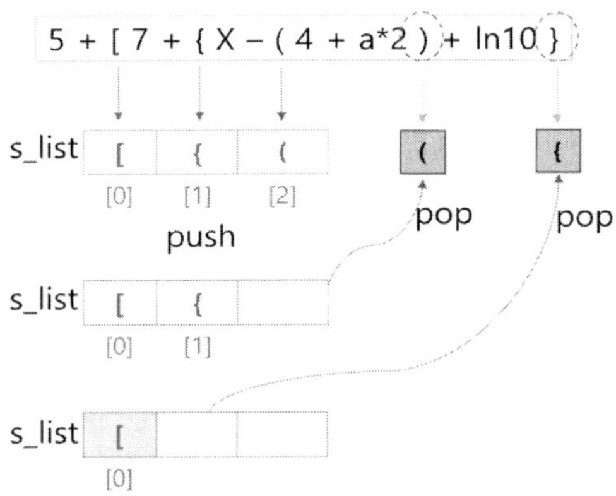

그림 3-3 수식의 괄호 검사 예

⑨ '8 * (i+ (7 - 2] / 5) = 0'의 경우를 그림으로 나타내시오.

⑩ '[7 + { X - 10 * (4 + a^2) + 10 }]'의 경우를 그림으로 나타내시오.

(2) 스택을 이용한 수식의 괄호 오류를 확인하는 프로그램을 구현해 본다.

① 괄호 검사를 실행하는 함수를 checkBrackets이라고 정의하고 스택 클래스 Stack의 객체 stack을 생성하여 수식의 괄호를 검사하는 과정을 구현한다.

```
def checkBrackets(statement):
    stack = Stack()   # 스택 객체 생성
    for ch in statement:   #수식 문자열에서 한 문자씩 읽는다.
        if ch in ('{', '[', '('):#문자가 왼쪽 괄호이면  push
            stack.push(ch)
        elif ch in ('}', ']', ')'):#문자가 오른쪽 괄호이면
            if stack.isEmpty() :   #스택이 비었는지 검사
                return "예"   #스택이 비었다면 오류
            else :
                left = stack.pop()  #스택이 비어있지 않다면 pop
                if (ch == '}' and left != '{') or \
                   (ch == ']' and left != '[') or \
                   (ch == ')' and left != '(') :
                    return "예"    #왼쪽과 오른쪽 괄호가 서로 다른 경우의 오류

    if stack.isEmpty() :
            return "아니오"
    else : return "예" #수식 문자열을 모두 읽었으나 스택에 괄호가 남아 있다면 오류
```

② 수식 문자열에서 괄호 오류를 검사하는 테스트 코드를 작성하고 실행 결과를 확인하시오.

```
#다음 세 가지의 문자열에서 괄호를 검사한다. 오류가 없으면 True, 오류가 있으면 False
str = ( "{A[(i+1)] = 0;}", "if((i==0) && (j==0}", "A[(i+1] ) = 0;" )
for s in str:
    result = checkBrackets(s)
    print('수식 {st:22} 괄호 오류 있는가? : {r}'.format(st=s, r = result))

- 결과 -
수식 {A[(i+1)] = 0;}        괄호 오류 있는가? : 아니오
수식 if((i==0) && (j==0}    괄호 오류 있는가? : 예
수식 A[(i+1] ) = 0;         괄호 오류 있는가? : 예
```

3.4 스택의 응용 : 미로의 길찾기(깊이우선탐색)

스택은 입력된 반대의 순서로 출력하는 원리이므로 작업한 과정을 되돌아가는 응용에 활용할 수 있다. 2차원의 미로에서 길을 찾는 문제를 스택을 이용하여 해결해 보자.

스택을 활용하면 깊이 우선 탐색으로 더 이상 이동할 수 없을 때까지 가능한 경로를 따라서 깊이의 끝까지 이동하게 된다. 먼저 출발지점의 좌표 (x,y)를 스택에 삽입한 후 스택이 비어있지 않으면 삭제하여 현재 위치를 확인한다. 그 위치에서 이동할 수 있는 모든 지점을 스택에 차례로 삽입한다. 이 예에서는 위쪽, 아래쪽, 오른쪽, 왼쪽의 순서로 검사하고 있다. 그리고 다시 스택에서 pop을 하면 가장 마지막에 살펴본 위치이므로, 그 위치에서 이동할 수 있는 좌표를 스택에 모두 push하는 과정을 반복한다. 만약 현재 위치가 도착지점이면 미로 탐색에 성공한 것이고, 스택이 비어질 때까지 도착지점을 만나지 못하면 탈출 경로가 없는 미로이다.

미로 탐색에 필요한 함수는 현재 좌표가 이동 가능한 위치인지를 검사하는 isValidPos()와 스택 객체를 생성하고 미로 탐색을 수행하는 Maze_DFS()이다. 이 두 함수의 구현은 다음과 같다. 미로의 출발지점은 s로 도착지점은 x로 표시하며, 이동 가능한 위치는 0으로, 이동이 불가능한 위치는 1로 나타낸다고 가정하자.

함수 isValidPos()는 현재 탐색 지점인 (x,y)가 미로의 범위 내에 있고 0 또는 x이면 True를 반환하여 이동할 수 있는 지점임을 나타낸다.

함수 Maze_DFS()는 스택 클래스인 Stack의 객체를 st라는 이름으로 생성한다. 그리고 출발지점의 좌표를 push하여 현재의 위치를 저장한다. 스택이 비어 있지 않다면 좌표를 pop하여 현재 위치에서 주변 좌표를 모두 검사하도록 isValidPos()를 호출한다. 이때 True로 반환되는 좌표는 push한다.

```
def isValidPos(x, y) :
    if x < 0 or y < 0 or x >= MSIZE or y >= MSIZE :
        return False
    else :
        return map[y][x] == '0' or map[y][x] == 'x'

def Maze_DFS(start):
    st = Stack()
    st.push(start)  #출발 위치 (0,1)을 삽입
    print('현재 스택', st.s_list)
    while not st.isEmpty():
        position = st.pop()  #pop 현재 위치를 확인
        print(position, end='->')
        x,y = position
        if (map[y][x] == 'x'):
            return True   #미로 탈출 경로 존재
        else :
            map[y][x] = '*'  #방문함을 표시
            if isValidPos(x, y - 1):  #위쪽 확인
                st.push((x, y - 1))
            if isValidPos(x, y + 1): #아래쪽 확인
                st.push((x, y + 1))
            if isValidPos(x - 1, y): #왼쪽 확인
                st.push((x - 1, y))
            if isValidPos(x + 1, y):#오른쪽 확인
                st.push((x + 1, y))
            print('현재 스택', st.s_list)
    return False
```

구현의 예로 다음과 같은 2차원의 미로를 만들어 보자. 미로의 각 행을 리스트로 구성하고 이들을 항목으로 하는 리스트, map을 저장한다. 이때 이동할 수 있는 지점은 0으로 표시하고 그렇지 않은 지점은 1로 나타낸다고 가정한다. 미로는 가로, 세로 길이가 같은 정사각형으로 가정하고 그 크기를 MSIZE로 정의한다. 그리고, Maze_DFS()를 호출하여 스택에 삽입, 삭제되는 좌표의 리스트를 확인하고 최종적으로 도착지점을 찾아서 탈출 가능 여부를 출력하도록 한다.

출력 결과를 통해서 미로의 이동 경로를 나타내면 출발지점에서 이동할 수 있는 위치를 따라가면서 막다른 지점에 이르게 된다. 이때 스택에서 지나온 위치에서 이동할 수 있는 다른 방향의 좌표를 꺼내어 다시 깊이 우선으로 이동함을 볼 수 있다.

```
MSIZE = 5
map=[['1','0','1','1','0'],
     ['s','0','0','0','0'],
     ['1','0','1','1','1'],
     ['1','0','0','0','x'],
     ['1','0','1','1','1']]
start=(0,1)
if Maze_DFS(start):
    print('성공 : 미로 탈출 경로가 있습니다')
else:
    print('실패 : 미로를 탈출할 수 없습니다')

- 결과 -
현재 스택 [(0, 1)]
(0, 1)->현재 스택 [(1, 1)]
(1, 1)->현재 스택 [(1, 0), (1, 2), (2, 1)]
(2, 1)->현재 스택 [(1, 0), (1, 2), (3, 1)]
(3, 1)->현재 스택 [(1, 0), (1, 2), (4, 1)]
(4, 1)->현재 스택 [(1, 0), (1, 2), (4, 0)]
(4, 0)->현재 스택 [(1, 0), (1, 2)]
(1, 2)->현재 스택 [(1, 0), (1, 3)]
(1, 3)->현재 스택 [(1, 0), (1, 4), (2, 3)]
(2, 3)->현재 스택 [(1, 0), (1, 4), (3, 3)]
(3, 3)->현재 스택 [(1, 0), (1, 4), (4, 3)]
(4, 3)->성공 : 미로 탈출 경로가 있습니다
```

	0	1	2	3	4
0	1	0	1	1	0
1	s	0	0	0	0
2	1	0	1	1	1
3	1	0	0	0	x
4	1	0	1	1	1

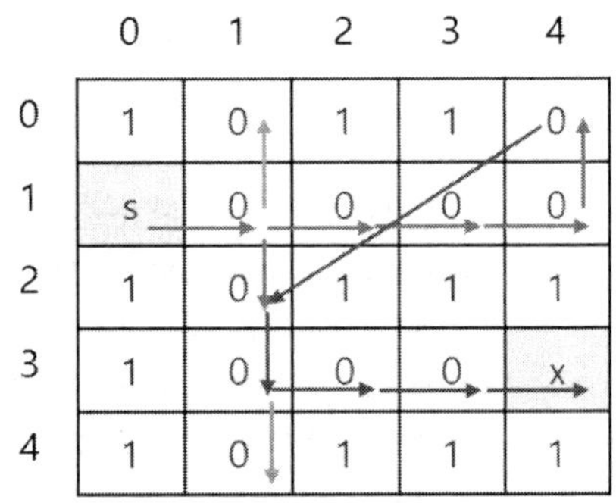

이 예에서 스택의 변화 과정을 그림 3-4에서 알아보자. 최초에 출발지점의 좌표 (0,1)을 리스트에 push하여 스택의 초기 상태를 만든다. 이후에는 스택에서 pop하면서 현재 위치를 알 수 있다. (0,1)이 pop되어 이동할 수 있는 주변 좌표는 (1,1)뿐이므로 이 좌표가 push된다. 그리고 (1,1)이 pop되어 이동 가능한 주변 좌표를 모두 검사하여 push하면 (1,0), (1,2), (2,1)이 스택에 차례로 저장된다. 주변 좌표의 검사 순서를 바꾼다면 다른 순서로 push될 것이다.

이제 (1,1)에서 이동할 위치는 스택에서 pop하여 (2,1)임을 알 수 있으며, 이 위치에서 이동 가능한 좌표를 스택에 push해 놓아서 막다른 위치에 이르렀을 때 돌아갈 수 있는 위치를 기억하는 원리로 미로를 탐색하고 있다.

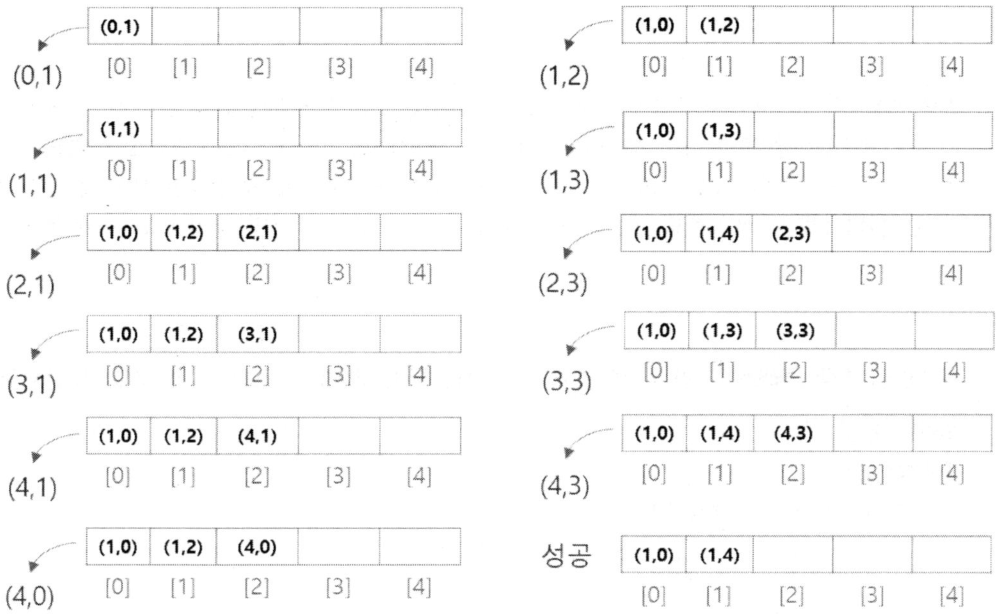

그림 3-4 스택을 이용한 깊이우선탐색의 예

Exercise

1. 스택 S에 10, 20, 30, 40의 순으로 정수를 삽입하였다. 스택 S에서 값을 하나씩 꺼내어 또 다른 스택 T에 삽입하거나 삭제하는 연산을 수행하여 30, 20, 10, 40의 순으로 출력하고자 한다. 스택 S와 T의 push와 pop의 호출 순서를 나타내시오. 단, 각 정수는 반드시 스택 T에 한 번씩 삽입되어야 한다. 예를 들어, S.pop=>T.push=>T.pop의 결과로 40이 출력된다.

2. 위 1번을 스택 클래스 Stack의 객체 S와 T를 생성하여 구현한 코드이다. 빈 칸을 채우시오.

```
S=Stack()
T=Stack()
for i in range(10, 50, 10):
    ①__________________

T.push(S.pop())
②__________________
print(T.pop(), end =',')
T.push(S.pop())
③__________________
T.push(S.pop())
④__________________
print(T.pop())
```

3. 스택에서 pop 연산은 자료를 삭제하게 되는데, 삭제하지 않고 다음에 나올 값을 확인해 보는 함수를 구현하고자 한다. 빈 칸을 채우시오. 여기에서 스택의 자료를 저장하는 리스트는 s_list라고 가정한다.

```
def peek( ) :
    if isEmpty():
        print("스택이 비었습니다.")
        return None
    else:
        (                    )
```

4. 스택을 이용한 수식 문장의 괄호 오류 검사 프로그램을 수정하여 다음과 같이 오류의 종류를 명시하여 출력하도록 하시오. 예를 들어 '(a+4)}'의 경우는 '오른쪽 괄호가 더 많다'를 출력하도록 한다.

왼쪽 괄호가 더 많다.
오른쪽 괄호가 더 많다.
서로 다른 종류가 쌍을 이루었다.
괄호 오류가 없다.

5. 임의의 십진수를 이진수로 나타내는 함수를 작성해 보자. 십진수를 2로 나눈 나머지를 구하는 과정을 반복하면서 나머지를 역순으로 나타내어 이진수로 변환한다. 이 과정은 스택을 이용하여 구현할 수 있다. 스택 클래스는 3.2절에서 정의한 Stack을 사용한다고 가정한다. 빈 칸을 채우시오.

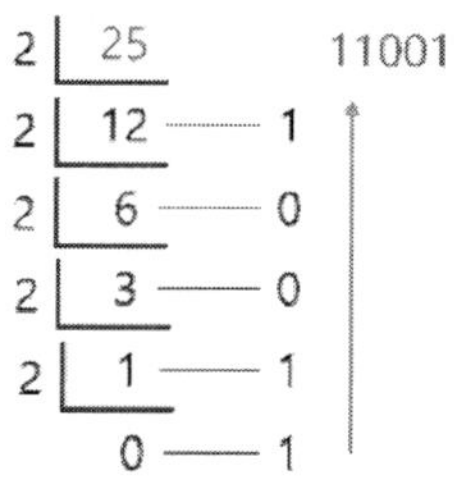


```
def decimaltobinary(num):
    s=Stack()
    while num > 0:
      ①___________________(num%2)
        num = num // 2
    while not ②___________________):
        print(③___________________, end='')
```

Chapter 4

큐 : 순서대로 처리하기

먼저 들어온 순서대로 처리하는 것은 자주 사용되는 자연스러운 일이다. 자료구조에서도 이와 같은 원리로 문제를 해결하는 경우가 많다. 이번 장에서는 입력되는 순서대로 처리하는 자료구조인 큐에 대해서 알아본다.

4.1 큐의 원리

일반적으로 사람들이 어떤 장소에 입장하기 위해서 한 줄로 서서 차례를 기다리며, 먼저 도착하여 줄을 선 사람이 먼저 입장한다. 이처럼 선입선출(First-in First-out)의 원리로 동작하는 자료구조를 큐(Queue)라고 한다. 큐는 자료를 순서대로 사용하기 위해 모아두는 일시적인 저장 용도의 기능을 구현할 때 용이하게 사용된다. 큐에 들어오는 입구와 나가는 출구를 그림 4-1과 같이 front, rear와 같은 이름으로 표시한다. 큐의 rear에서 자료가 삽입되고, front에서 자료가 삭제되면서 들어온 순서대로 나가는 것을 볼 수 있다. 이때 삽입을 enqueue, 삭제를 dequeue라고 한다.

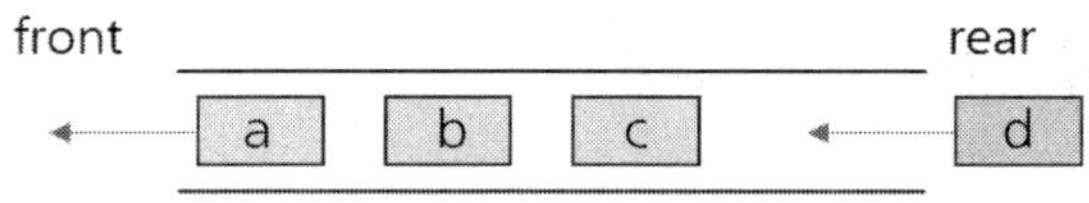

그림 4-1 큐의 동작 원리

버스 정류장의 줄서기, 고객센터의 전화 응답 서비스 등 일상생활에서 많은 일들이 들어온 순서대로 처리되는 것처럼 컴퓨터에서 여러 가지 주변 장치들과의 정보 처리나 미디어 스트리밍과 같은 네트워크 서비스에서도 큐가 활용된다.

버스를 타기 위해서 줄을 서는 이유는 버스가 도착하는 시간과 버스를 타려고 하는 사람들이 모이는 시간 차이 때문이다. 즉, 사람이 도착하자마자 바로 버스를 탈 수 있다면 대기 줄이 필요 없다. 이처럼 컴퓨터에서 프린터기와 CPU의 처리 속도 차이로 인해서 프린터기의 작업 큐가 필요하며 인쇄 요청이 된 파일들의 순서대로 인쇄가 이루어진다. 미디어 스트리밍에서 버퍼링의 경우, 일정한 양의 미디어 자료가 수신될 때까지 큐에 모아둔 후 재생이 가능한 양일 때 미디어를 출력하게 된다. 이때에도 미디어 자료가 수신되는 즉시 재생이 이루어지지 않기 때문에 큐의 원리인 버퍼를 사용하는 것이다.

4.2 선형 큐의 구현

스택과 마찬가지로 큐도 선형의 자료구조이며, 파이썬 리스트를 이용하여 구현할 수 있다.

큐 클래스에서 자료를 저장하는 빈 리스트를 생성한다. 리스트의 크기가 정해져 있다면, 새로운 자료를 삽입할 때 빈 공간이 있는지 검사해야 한다. 이미 알아본 바와 같이 파이썬 리스트는 크기를 가변적으로 확장할 수 있으므로 공간이 남아 있는지 검사할 필요는 없다. 삭제의 경우에는 남아 있는 자료가 있는지를 확인해야 한다. 이처럼, 큐 클래스의 멤버 함수로 enqueue, dequeue와 isEmpty를 구현한다. 추가로 큐 리스트에 남아 있는 자료들의 개수를 알아보는 size 함수와 빈 공간으로 초기화하는 clear 함수를 정의해 본다. 클래스의 이름을 LinearQueue로 정의하고 생성자와 각 멤버 함수를 구현한 코드를 살펴보자.

생성자는 최초로 클래스 객체를 메모리에 생성할 때 호출된다. 생성자는 q_list라는 이름의 빈 리스트를 만든다.

삽입과 삭제 기능을 수행하는 함수인 enqueue와 dequeue를 정의하기 위해서 q_list의 front와 rear의 위치를 정해야 한다. 여기에서는 리스트의 마지막 항목 위치를 rear로 정하고 q_list에 새로운 값을 삽입하기 위해서 파이썬 리스트의 append()를 이용하여 구현한다. 만약 리스트의 첫 번째 위치에 자료를 삽입한다면 파이썬 리스트의 insert()를 사용할 수 있다.

이제 q_list의 첫 번째 항목이 front가 되므로 가장 처음에 삽입된 자료는 인덱스 0에 저장된다. 그러므로 dequeue는 파이썬 리스트에서 제공하는 pop()을 이용하여 가장 처음에 입력된 자료를 꺼내게 된다.

이때 먼저 큐가 빈 상태인지를 알아보는 함수인 isEmpty를 호출한다. isEmpty 함수는 q_list의 길이를 알려주는 파이썬 함수 len(q_list)가 0이면 빈 상태이므로 True를, 그렇지 않으면 False를 반환한다.

만약 isEmpty의 반환값이 False이라면 pop(0)를 이용하여 첫 번째 자료를 반환한다. 만약 enqueue에서 rear를 리스트의 맨 처음으로 정했다면 front는 리스트의 마지막이 될 것이므로 pop(-1)로 정의하여 맨 마지막의 자료를 꺼내도록 해야 한다.

```
class LinearQueue :
    def __init__(self):
        self.q_list = [] #큐 저장 공간을 빈 리스트로 생성한다.
    def enqueue(self, data): #enqueue는 삽입할 자료(값)를 필요로 한다.
        self.q_list.append(data)
```

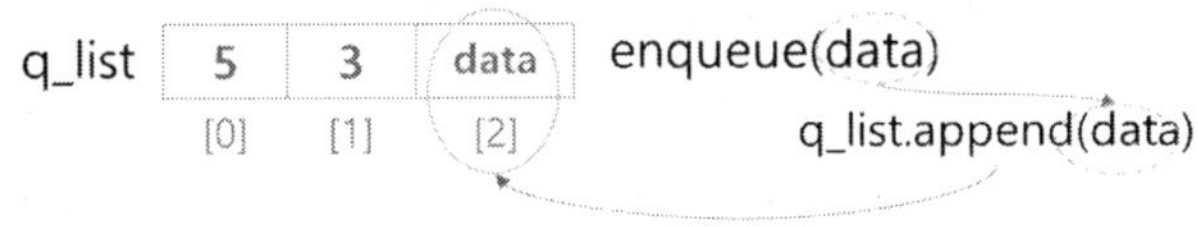


```
    def dequeue(self):
        if not self.isEmpty(): #빈 상태가 아니라면
            return self.q_list.pop(0) #가장 처음 삽입된 자료를 반환하여 삭제한다.
```

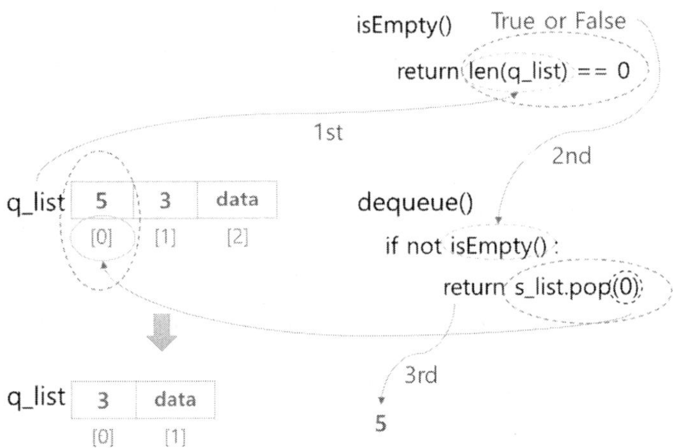


```
    def isEmpty(self):
        return len(self.q_list) == 0  #q_list의 길이가 0이면 빈 상태를 의미한다.
    def size(self) :
        return len(self.q_list)
    def clear(self) :
        self.q_list = []
```

이제 큐 클래스의 객체를 생성하고 삽입과 삭제를 실행하여 큐의 원리대로 동작하는지 테스트해 본다. 테스트 코드는 다음과 같이 구현하고 필요에 따라서 다양한 형태로 응용해 보자. 실행 결과를 확인하면 0, 1, 2가 차례로 큐에 삽입되어 3회의 삭제를 하면서 자료를 출력한 결과 삽입된 순서대로 자료가 나타남을 알 수 있다.

```
print("큐 테스트")
queue = LinearQueue()
for i in range(3):
    queue.enqueue(i)
for i in range(3):
    print(queue.dequeue(), end='  ')
```

삭제 시에 파이썬 리스트의 pop(0)를 수행하면 인덱스 0의 항목이 삭제되면서 그 뒤쪽의 모든 자료를 한 칸씩 이동시키게 된다. 그래서 다시 pop(0)를 호출하였을 때 그림 4-2와 같이 큐의 front의 값이 삭제되는 것이다. 위에서 언급한 것처럼 큐의 front와 rear의 위치를 바꾸어도 어느 한쪽에서는 항상 리스트의 자료를 모두 한 칸씩 이동하는 작업이 내부적으로 발생한다. 이것은 큐의 자료를 일렬로 배열시켜서 삽입, 삭제를 하기 때문이다.

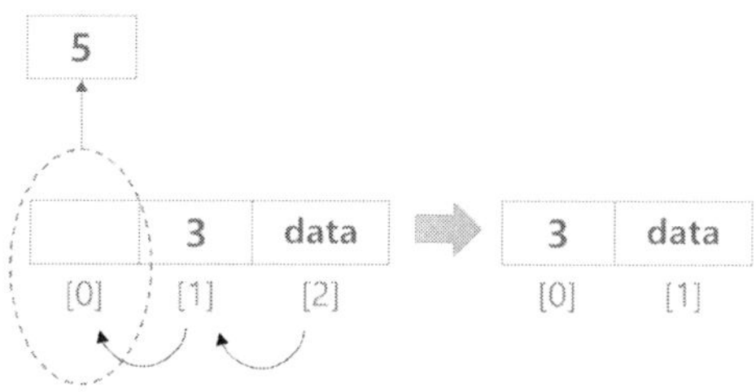

그림 4-2 큐에서 삭제와 항목의 이동

이와 같은 불필요한 작업을 없애기 위해서 큐가 원형으로 구성된다고 가정하여 리스트의 끝과 처음을 연결하는 구조로 구현하는 것이 원형 큐이다.

4.3 원형 큐

앞서 살펴본 바와 같이 큐는 리스트의 한쪽에서 삽입, 그 반대 쪽에서 삭제를 수행하는 자료구조이며, 리스트가 원형이라는 가정하고 마치 목걸이 줄에 구슬을 채워 넣는 방식으로 구현하는 것이 원형 큐이다.

원형 큐는 리스트의 크기를 고정해 놓고, 두 개의 변수 front와 rear가 인덱스를 따라가면서 front는 삭제할 위치, rear는 삽입할 위치를 나타내도록 한다. 이때 front와 rear는 원을 따라 회전하면서 인덱스를 계산하여 삽입과 삭제를 실행한다.

원형 큐가 실제 메모리에 구현되는 것은 그림 4-3에서 보이는 바와 같이 선형의 리스트이다. 이 예에서 원형 큐의 전체 크기를 8로 정하였으며, (a)와 같이 초기 상태는 front와 rear가 0으로 지정되어 빈 리스트를 나타낸다. 큐의 삽입은 rear에서 일어나며, 자료가 들어올 자리의 인덱스를 나타낸다. 예를 들어 새로운 자료 'A'를 삽입할 때, rear는 1이 되고 인덱스 1의 위치에 'A'가 들어온다. (b)는 4회의 삽입이 실행되어서 rear가 4로 바뀐 상태를 나타낸다. (c)는 삭제가 일어난 상태이며, front의 값이 1로 바뀌면서 맨 앞의 'A'가 삭제되었다. front를 1로 만듦으로써 front 다음부터 자료가 저장되어 있다는 의미이다. 이를 논리적으로 원형 큐로 나타내면 (d)와 같이 리스트의 처음과 끝이 연결되어 인덱스 0과 7이 서로 인접해 있다고 생각하여 front나 rear가 인덱스 7 다음에 다시 인덱스 0으로 회전한다.

이와 같이 원형 큐에서는 인덱스를 통해서 리스트의 삽입, 삭제 위치에 바로 접근하며, 삭제 또는 삽입한 후 나머지 자료를 이동시키는 작업을 하지 않는다.

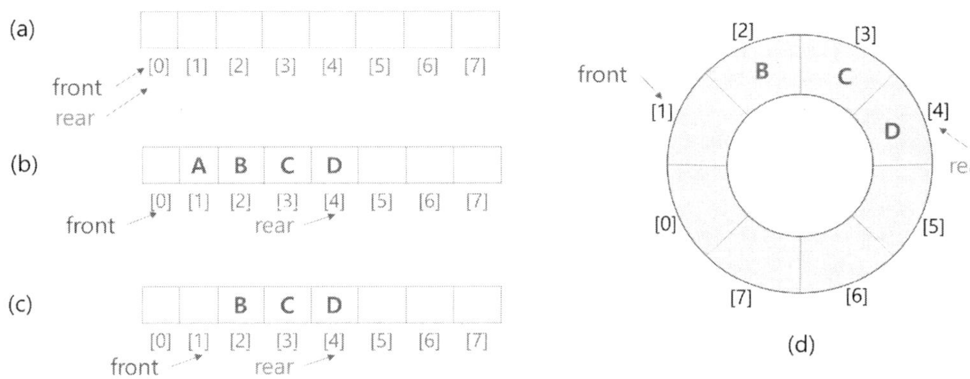

그림 4-2 원형 큐의 원리

지금까지 살펴본 바에 의하면 원형 큐에서 삽입과 삭제를 위해서는 front와 rear를 1씩 증가 시킨다. 그러나 front나 rear가 7인 경우에 다음 작업은 인덱스 0으로 이동해야 하는데, 단순히 1씩 증가한다면 인덱스를 원형으로 회전하면서 따라갈 수 없을 것이다. 따라서 원형 큐의 front와 rear의 값을 연산식으로 계산하여 원형으로 연결된 논리적 리스트를 회전하면서 자료를 채우거나 삭제한다.

QSIZE는 원형 큐의 크기, 즉 리스트의 크기라고 하자. 그림 4-3의 예에서 QSIZE는 8이다. front와 rear가 0에서 6 사이에 있을 때 자료가 삽입되거나 삭제 될 때 위치는 각각 1씩 증가되는 인덱스이다. 그러나 front와 rear가 7이면 다음 위치는 0으로 이동해야 하므로, 모든 경우를 만족하는 전체 크기로 나눈 나머지를 구한다. 각 수식은 다음과 같다.

```
front = (front+1) % QSIZE
rear = (rear+1) % QSIZE
```

원형 큐에서 front의 위치는 비워놓는다. 그 이유는 원형 큐가 가득 찬 상태와 빈 상태를 구별하기 위함이다. 원형 큐에서 빈 상태는 front와 rear가 같은 값인 경우이며, 초기 상태는 두 값이 모두 0이다. 삽입과 삭제가 반복되어 front와 rear가 회전하면서 두 값이 같아지는 경우가 빈 상태를 나타낸다. 그림 4-4처럼 한 개의 자료가 존재하는 상태에서 삭제가 일어나면 front와 rear가 모두 1이 되어 원형 큐가 비워진다.

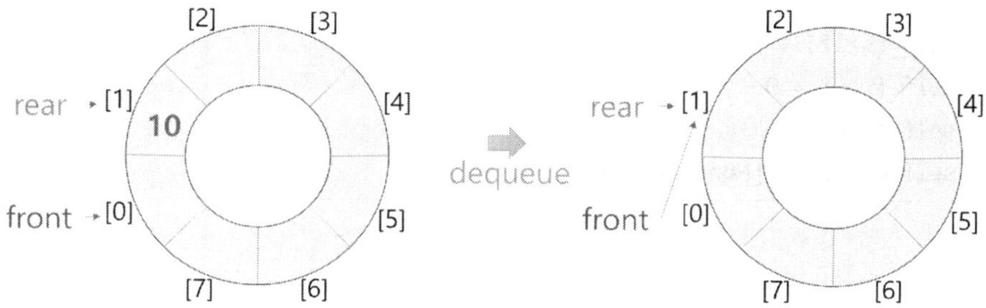

그림 4-4 원형 큐의 빈 상태

원형 큐에서 front가 나타내는 인덱스에는 자료가 없으며, 그 바로 다음 위치가 삭제할 자료라는 것을 표시하고 있다. 그렇지 않다면 그림 4-5의 (a)와 같이 가득 찬 상태에서도 front와 rear의 값이 같아지기 때문에 빈 상태와 구분할 수가 없다. 그래서 front가 rear의 바로 앞에 위치하는 상태를 가득 찬 상태로 정의한다. 원형 큐가 가득 찬 상태일 경우에는 front의 값이 (rear +1) % QSIZE의 연산 결과값과 같다. 그림 4-5의 (b)에서 rear는 0, QSIZE는 8이다. (rear +1) % QSIZE = (0 + 1) % 8 = 1이며 front의 값이 1임을 알 수 있다.

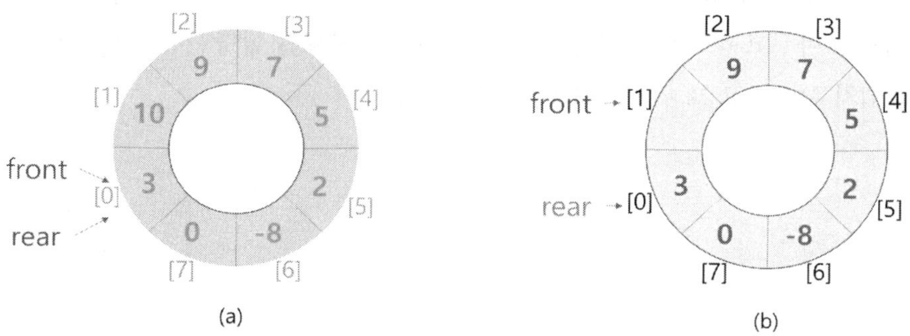

그림 4-5 원형 큐의 상태 (a) 오류, (b) 가득 찬 상태

4.4 원형 큐의 구현

원형 큐 클래스를 CircularQueue라는 이름으로 정의해 보자. 실제 자료가 저장되는 메모리 공간은 파이썬 리스트로 구현하며, front와 rear의 두 변수를 생성자에서 0으로 초기화한다. 예로 리스트의 크기를 8로 정의하였다.

클래스의 객체를 생성하면 그림 4-6의 (a)와 같이 리스트가 메모리에 만들어지고 front와 rear의 값에 따라서 해당 인덱스에 자료가 삽입, 삭제된다. 이것을 개념적인 원형 큐로 나타내면 그림 4-6 (b)와 같다. 다음 코드는 생성자이다.

```
def __init__(self) :
        self.front = 0
        self.rear = 0
        self.q_list = [None]*QSIZE
```

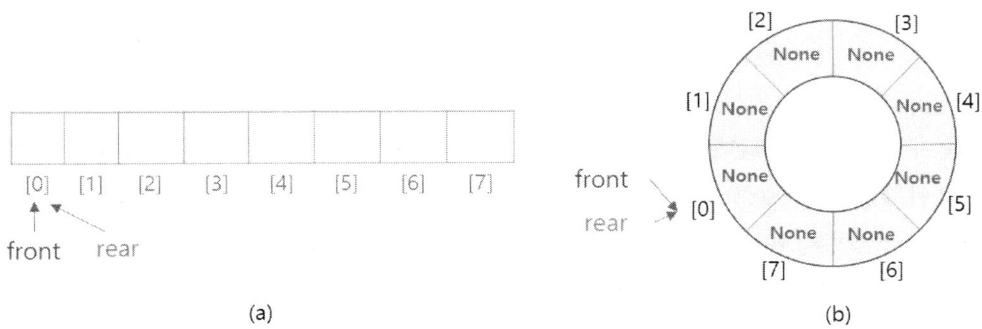

그림 4-6 원형 큐 객체의 리스트

이제 enqueue()와 dequeue()를 정의한다. 삽입은 rear에서 이루어지므로 enqueue()에서는 rear를 다음 위치로 바꾸고 리스트의 해당 인덱스에 새로운 자료를 할당한다. dequeue()는 front의 값을 다음 위치로 바꾸고 그 위치의 자료를 반환한다.

```
def enqueue(self, data):
        if not self.isFull() :                    # 가득 찬 상태가 아니면
          self.rear= (self.rear+1)%QSIZE          # rear를 다음 위치로 바꾼다
          self.q_list[self.rear] = data           # rear위치에 data 삽입
```

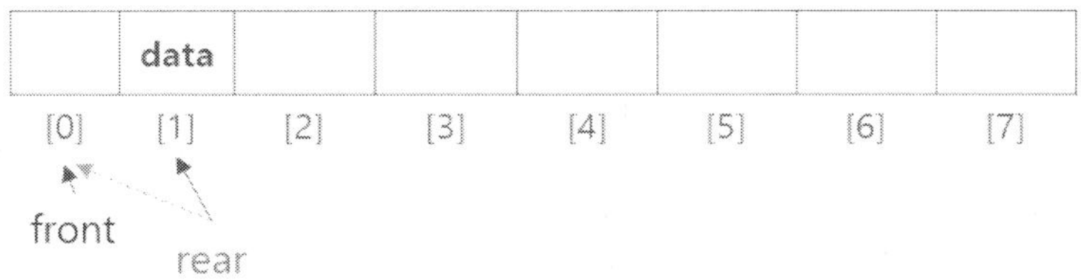


```
def dequeue(self) :
        if not self.isEmpty() :                   # 빈 상태가 아니면
          self.front= (self.front+1)%QSIZE        # front를 다음 위치로 바꾼다
          return self.q_list[self.front]          # front 위치의 자료 반환
```

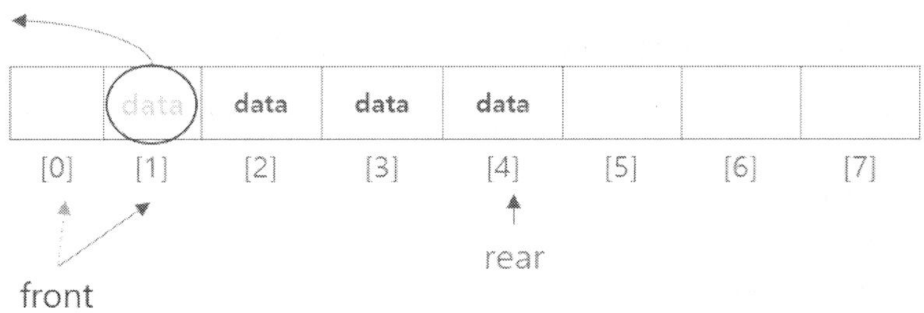

또한 큐의 상태를 확인하는 함수 isEmpty()와 isFull()을 정의한다. 빈 상태는 front와 rear가 같은 경우이며, 가득 찬 상태는 front가 (rear+1)%QSIZE의 결과값과 같은 경우이다.

원형 큐에 저장된 자료의 개수를 계산하는 size()를 구현해 보자. front와 rear는 원형 큐에서 삽입, 삭제에 따라서 계속 회전하므로, front가 rear보다 큰 경우와 그 반대의 두 경우를 고려하여 (rear-front+QSIZE)%QSIZE의 연산식으로 저장된 원소의 개수를 계산할 수 있다.

```
def size(self) :
      return (self.rear-self.front+QSIZE)%QSIZE
```

그림 4-7과 같이 front와 rear 값의 차이에 전체 큐의 크기를 더한 후 큐의 크기로 나눈 나머지를 계산하면, 원형 큐에 저장된 항목의 개수를 계산할 수 있음을 알 수 있다.

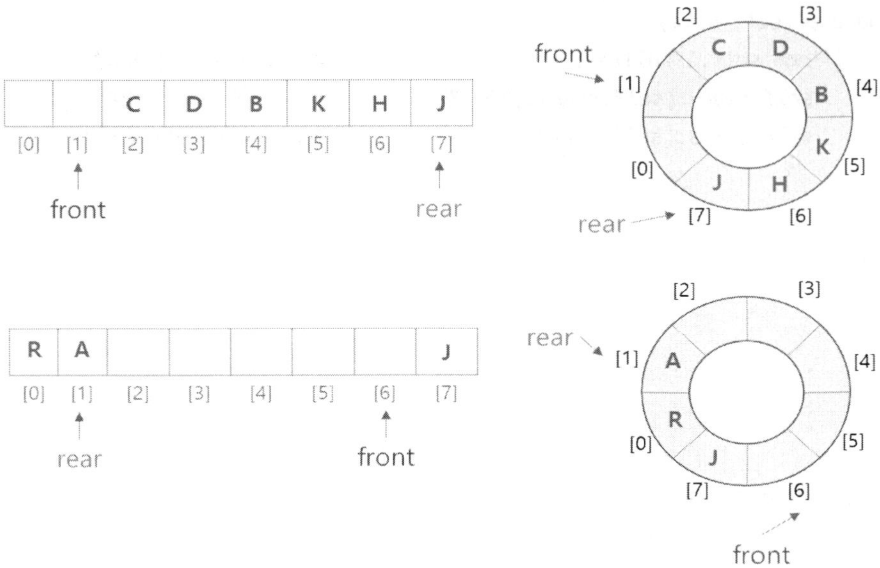

그림 4-7 원형 큐의 상태 예

CircularQueue 클래스를 정의하는 전체 코드는 다음과 같다.

```
QSIZE = 8
class CircularQueue :
    def __init__(self) :
        self.front = 0
        self.rear = 0
        self.q_list = [None]*QSIZE

    def enqueue(self, data):
        if not self.isFull() :
            self.rear = (self.rear+1)%QSIZE
            self.q_list[self.rear] = data

    def dequeue(self) :
        if not self.isEmpty() :
            self.front = (self.front+1)%QSIZE
            return self.q_list[self.front]

    def isEmpty(self) :
        return self.front == self.rear
```

```
    def isFull(self) :
        return self.front==(self.rear+1)%QSIZE

    def size(self) :
        return (self.rear-self.front+QSIZE)%QSIZE

    def clear(self) :
        self.front = self.rear
```

이제 원형 큐 클래스를 객체로 생성하고 테스트해 보는 코드를 작성한다. 0에서 7까지 정수를 리스트에 삽입하는 enqueue()를 반복문으로 실행한다. 이 후 8회 dequeue()를 통해서 출력 결과를 확인해 보자. 그리고 front와 rear의 값을 출력하여 원형 큐에서 회전이 이루어지는 과정을 살펴본다.

```
print("원형 큐 테스트 : 0부터 ", QSIZE-1, "까지 삽입 후 ", QSIZE, "회 삭제")
c_queue=CircularQueue()
for i in range(QSIZE):
    c_queue.enqueue(i)
for i in range(QSIZE):
    print("data : ", c_queue.dequeue(), end='  ')
    print("front: ", c_queue.front, "rear : ", c_queue.rear)
print("현재 자료 개수 : ", c_queue.size())
print("4회 삽입")
for i in range(5, 9):
    c_queue.enqueue(i)
print("front: ", c_queue.front, "rear : ", c_queue.rear)
print("현재 자료 개수 : ", c_queue.size())
```

테스트 코드의 실행 결과는 다음과 같다.

for문에서 8회의 자료가 삽입될 때마다 front와 rear의 값을 출력하고 있다. 삽입이 완료된 상태의 q_list와 front 및 rear의 값은 다음과 같다. range(QSIZE)함수는 0에서 7까지의 정수로 이루어진 리스트를 만들어주며 이를 차례로 원형 큐에 삽입한다. 원형 큐의 크기가 8로 정해져 있으므로 마지막 정수 7은 삽입되지 않을 것이다.

None	0	1	2	3	4	5	6
[0]	[1]	[2]	[3]	[4]	[5]	[6]	[7]
front							rear

여기에서 8번 삭제하면서 자료를 출력하고 front와 rear의 값을 출력한다.

출력 결과 'data : 0 front: 1 rear : 7'을 분석해 보자. dequeue()가 실행되어 리스트가 빈 상태가 아님을 확인하고 front가 1이 되면서 인덱스 1에 위치한 자료 0이 출력되고 rear는 7로 출력되었다. 나머지 출력 결과를 살펴보면, 리스트의 크기가 8이지만 7개의 자료만 원형 큐에 삽입되었음을 알 수 있다.

이 후 다시 4회의 삽입이 실행되어 (자료는 5부터 8까지) rear의 값이 회전하였음을 보여준다.

```
원형 큐 테스트 : 0부터  7 까지 삽입 후  8 회 삭제
data :  0  front:  1 rear :  7
data :  1  front:  2 rear :  7
data :  2  front:  3 rear :  7
data :  3  front:  4 rear :  7
data :  4  front:  5 rear :  7
data :  5  front:  6 rear :  7
data :  6  front:  7 rear :  7
data :  None  front:  7 rear :  7
현재 자료 개수 :  0
4회 삽입
front:  7 rear :  3
현재 자료 개수 :  4
```

실행 후 원형 큐의 상태는 다음과 같다.

5	6	7	8				
[0]	[1]	[2]	[3]	[4]	[5]	[6]	[7]
			rear				front

참고로 파이썬 기본 라이브러리로 제공되는 Queue를 이용하면 큐의 기능을 구현할 수 있다. 큐의 삽입은 put(), 삭제는 get()으로 정의되어 있다.

```
from queue import Queue            #queue모듈의 Queue 클래스 사용
q = Queue()                        #큐 객체 생성
for i in range(10):
    q.put(i*2)                     #enqueue
for i in range(3):
    print(q.get())                 # dequeue
```

4.5 큐의 응용 : 미로의 길찾기(너비우선탐색)

미로 탐색은 출발 위치에서 이동할 수 있는 지점을 탐색해 가면서 도착 위치까지 도달해야 한다. 이때 이동할 수 있는 지점이 더 이상 없는 경우에는 길을 되돌아 나와야 한다. 이러한 문제를 해결하는 데에는 스택과 큐가 유용하다. 지나온 지점을 차곡차곡 쌓아놓고 되돌아 나와야할 때에 스택이나 큐에서 꺼내어 보면서 이전 위치를 알 수 있기 때문이다.

큐를 이용하여 미로를 탐색하는 방법을 너비우선탐색(Breadth First Search)이라고 한다. 현재 위치에서 인접한 모든 지점을 탐색하여 이동할 수 있는 지점을 큐에 삽입한다. 그리고 큐에 먼저 들어간 순서대로 지점을 꺼내어 보면서, 미로의 길을 탐색해 나간다. 이때 현재 위치에서 주변의 모든 지점을 살펴보기 때문에 너비를 확장해 가면서 탐색이 이루어진다.

원형 큐를 객체로 생성하여 2차원의 미로 탐색을 구현해 보자.

먼저 출발 지점의 좌표를 원형 큐에 삽입한다. 그리고 원형 큐가 빈 상태가 아니라면 한 개의 좌표를 꺼내어 그 위치에서 모든 인접점을 검사하여 이동이 가능한 위치를 차례로 삽입한다. 이때 인접 지점의 확인 순서는 변경할 수 있다. 이 예에서는 위쪽, 아래쪽, 왼쪽, 오른쪽의 순으로 조사한다. 이 과정이 완료되면 큐에 저장된 위치들은 현재 위치 주변에서 이동 가능한 지점들이므로, 먼저 입력된 순서대로 삭제해가면서 다음 위치를 찾아간다.

원형 큐를 이용한 너비우선탐색을 구현하기 위해서, 좌표 (x,y)가 이동할 수 있는 방문 지점이 되는지를 검사하는 함수, isValidPos()를 정의한다. 큐가 비어있지 않다면 dequeue를 통해서 현재 위치의 주변 위치를 모두 검사하여 enqueue하는 과정을 반복한다.

```
def isValidPos(x, y) :
    if x < 0 or y < 0 or x >= QSIZE or y >= QSIZE :
        return False
    else :
        return map[y][x] == '0' or map[y][x] == 'x'

def Maze_BFS() :
    que = CircularQueue()
    que.enqueue((0,1))  #출발 위치 (0,1)을 삽입

    while not que.isEmpty():
        position = que.dequeue()            #현재 위치를 확인(dequeue)
        print(position, end='->')
        x, y = position
        if (map[y][x] == 'x'):
            return True             #미로 탈출 경로 존재
        else :
            map[y][x] = '*'         #방문함을 표시
            if isValidPos(x, y - 1):        #위쪽 확인
                que.enqueue((x, y - 1))

            if isValidPos(x, y + 1):        #아래쪽 확인
                que.enqueue((x, y + 1))

            if isValidPos(x - 1, y):        #왼쪽 확인
                que.enqueue((x - 1, y))

            if isValidPos(x + 1, y):        #오른쪽 확인
                que.enqueue((x + 1, y))
    return False
```

미로를 구성하고 테스트 코드를 작성해 보자. 이 예에서는 5×5크기의 미로를 리스트로 정의하였다. 그리고 원형 큐 클래스의 객체를 통해서 (x, y)로 표시되는 미로의 좌표가 방문 가능한 위치인지를 검사하도록 하였다.

```
QSIZE = 5
map=[['1','0','1','1','0'],
     ['s','0','0','0','0'],
     ['1','0','1','1','1'],
     ['1','0','0','0','x'],
     ['1','0','1','1','1']]
start=(0,1)
if Maze_BFS(start):
    print('미로 탈출 경로가 있습니다')
else:
    print('미로를 탈출할 수 없습니다')

- 결과 -
(0, 1)->(1, 1)->(1, 0)->(1, 2)->(2, 1)->(1, 3)->(3, 1)->(1, 4)->(2, 3)->(4, 1)->
(3, 3)->(4, 0)->(4, 3)->미로 탈출 경로가 있습니다
```

실행 결과는 출발지점 s(여기에서는 (0,1))에서 너비우선탐색으로 이동 가능한 지점들을 출력하고 있다.

먼저 출발지점의 좌표를 큐에 삽입한다. 큐가 비어 있지 않으므로 삭제를 실행하여 현재 위치를 파악한다. 출발지점인 (0,1)이 나올 것이며, 여기에서 위쪽, 아래쪽, 왼쪽, 오른쪽의 모든 좌표를 검사하면 이동할 수 있는 지점은 (1,1)이다. 이 지점으로 이동할 것이므로 (1,1)을 방문한 좌표로 표시한다. 그리고 그림 4-8과 같이 좌표 (1,1)을 큐에 삽입하여 이동한 위치를 기억한다. 다음으로 큐에서 삭제하면 (1,1)이 나오고 이 지점이 현재 위치이다. 여기에서 인접한 모든 좌표를 검사하여 큐에 삽입한다. 이때 삽입된 좌표들은 (1,1)에서 이동할 수 있는 모든 지점이므로 너비를 우선으로 모두 탐색한 결과이다. 이후에 큐가 비어질 때까지 삭제하여 현재 위치에서 이동 가능한 주변 지점을 탐색하는 일을 수행하여 도착지점을 만나면 미로 탈출 경로가 존재하는 것이고, 그렇지 않다면 탈출 경로가 없는 미로임을 출력하게 된다.

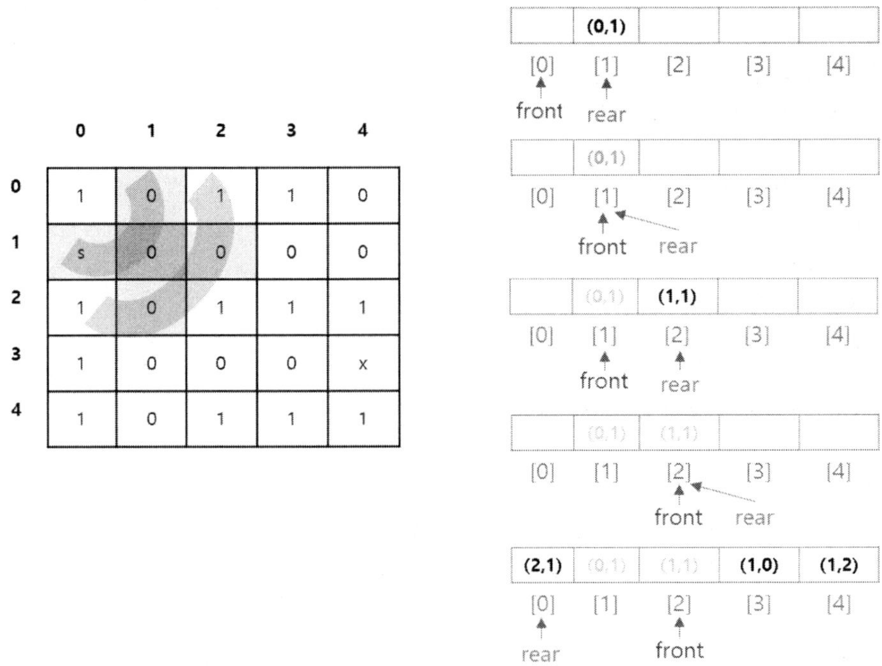

그림 4-8 원형 큐를 이용한 너비우선탐색 과정의 예

Exercise

1. 다음 중 큐에 대한 설명으로 잘못된 것을 고르시오.

① 큐에서 가장 오래된 자료를 꺼내는 것을 삭제(dequeue)라고 한다.
② 원형 큐는 front와 rear가 같으면 리스트가 가득 찬 상태이다.
③ 순차 자료구조의 큐에서 포화 상태를 정확히 인식하기 위해서 삭제 시 원소의 자리 이동이 일어난다.
④ 원형 큐에서 공백 상태와 포화 상태를 구분하기 위해서 rear가 있는 자리는 사용하지 않는다.

2. 1부터 100까지의 정수를 차례로 큐에 삽입한 후 10번 삭제하였다.

(1) 다음 삭제(dequeue) 시에 나오게 되는 정수는 무엇인가?

(2) 클래스 CircularQueue는 원형 큐를 정의하고 있다. 이 클래스의 객체를 이용하여 위 (1)번의 해답을 확인 할 수 있는 테스트 코드를 작성하시오. 이때 원형 큐의 자료를 저장하는 리스트의 개수(여기에서는 QSIZE)는 얼마로 설정해야 하는가?

3. 선형 큐를 파이썬 리스트를 이용하여 구현할 때, 인덱스 0의 위치부터 값을 삽입한다면 파이썬 함수 insert()를 사용할 수 있다. 이 경우에 4.2절에서 구현한 LinearQueue 클래스의 enqueue()와 dequeue()함수를 각각 수정하시오.

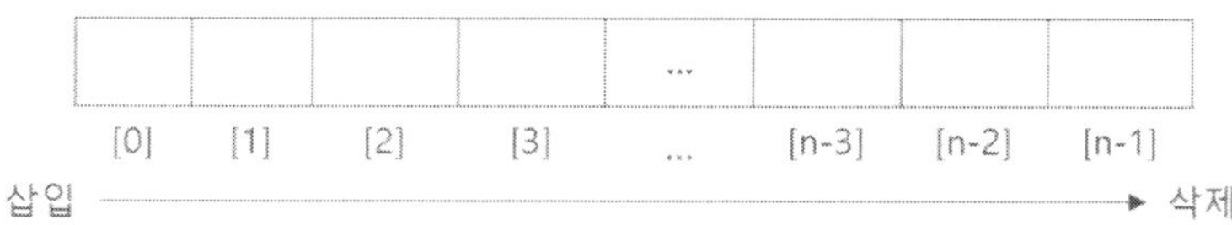

4. 크기가 10인 리스트로 구현된 원형 큐의 front와 rear의 값이 각각 6과 3일 때, 값이 저장된 **인덱스**를 모두 나열하시오. (front와 rear의 초기 값은 0이다.)

5. 상담 서비스에서 5명 고객의 대기큐를 사용한다고 가정하자. 원형 큐로 구현할 때, 최초 시각에서 5분 후 front와 rear의 값이 각각 얼마인지 구하시오.

고객	도착 시각	상담 시간
고객 1	최초	6분
고객 2	3분	5분
고객 3	7분	4분
고객 4	10분	6분

Chapter 5

정렬 알고리즘 : 크기순으로 나열하기

지금까지 선형구조인 스택과 큐의 원리를 알아보고 파이썬 리스트를 이용하여 구현하였다. 이번 장에서는 리스트에 저장된 값들을 오름차순 또는 내림차순으로 정렬하는 알고리즘을 알아본다.

영어사전이 알파벳 순으로 정렬되어 있으므로 편리하게 사용할 수 있는 것처럼 정렬된 리스트는 원하는 값의 탐색 등 자료 관리에 매우 효율적으로 사용된다.

많은 자료를 정렬하기 위해서는 값의 크기를 비교하고 위치를 교환하는 등의 연산이 빈번히 수행된다. 정렬 알고리즘의 수행 시간과 컴퓨터 자원의 사용량은 알고리즘의 성능을 평가하는 요소이다. 알고리즘의 성능 평가 방법 중에서 시간 복잡도(Time Complexity)의 개념을 알아보고 비교적 단순한 원리의 선택 정렬과 삽입 정렬을 구현하여 기본적인 정렬 알고리즘을 구현해 본다. 그리고 보다 복잡하지만 실행 속도가 개선된 퀵 정렬을 이해하고, 각 알고리즘의 성능 평가를 통해서 효율성을 알아보도록 한다.

5.1 알고리즘의 시간 복잡도

시간 복잡도란 알고리즘이 결과를 내기까지 필요로 하는 시간을 의미하며 이것은 프로그램의 성능을 판단하는 중요한 요소이다. 어떤 입력에 대해서 알고리즘이 결과를 내는 시간은 실제로 구현하고 실행 시간을 측정하여 판단할 수 있지만, 컴퓨팅 환경에 따라 영향을 받으므로 보통은 연산 횟수를 이용하여 시간 복잡도를 나타낸다. 즉 몇 번의 연산을 수행하여 알고리즘이 완료되는지를 나타내는 것이며, 연산 횟수가 적을수록 효율적인 알고리즘이다.

좀 더 엄밀히 말하면, 시간 복잡도를 계산하는 이유는 알고리즘이 처리해야 하는 자료의 개수(크기)가 증가하였을 때 소요되는 시간을 가늠하기 위한 것이다. 그래서 자료의 크기를 n이라고 하였을 때 n을 입력으로 하는 함수로 시간 복잡도를 표현한다.

시간 복잡도의 함수 정의 방법에는 여러 가지가 있는데, 그 중에서 빅오(Big O)표기법을 살펴보자. 빅오표기법은 알고리즘이 아무리 오래 걸리더라도 이 시간 내에는 끝날 것이라는 최대 소요 시간을 나타내는 함수이다. 빅오 시간 복잡도라고도 하며 입력 크기가 n일 때 수행되는 대략적인 연산의 횟수로 나타낸다. 여기에서 연산은 산술(+, -, *, /, %), 논리(and, or, not), 비교(>, >=, <, <=, ==, !=), 대입(=)과 같은 한 번의 단위 시간에 수행되는 것을 말한다. 입력의 크기는 알고리즘이 처리해야 하는 자료의 개수이며 이것은 배열의 크기, 행렬의 크기, 그래프의 노드 수 등이 될 수 있다.

다음 fun1(n)의 알고리즘에서 반복문 for가 n번 수행될 때마다 더하기와 대입 연산이 수행되고 sum=0의 1회의 대입 연산이 있으므로 연산의 총횟수는 $2n+1$로 나타낼 수 있다. 시간 복잡도 함수를 $T_1(n)$이라고 할 때, $T_1(n) = 2n+1$이다.

```
fun1(n) :
  sum = 0
  for i = 1 to n do
     sum = sum + i
  return sum
```

알고리즘 fun2(n)을 살펴보면, 이중 반복문이 사용되었으므로 바깥쪽 for문에서 n번, 안쪽 for문에서 n-i번씩 반복된다. 따라서 for문이 수행되는 횟수는 $n+(n-1)+(n-2)+\ldots 1 = (n\times(n+1))/2$이다. 안쪽 for문의 기본 연산은 3번이므로 이 알고리즘의 시간 복잡도 함수, $T_2(n) = 3(n\times(n+1))/2+1 = \frac{3}{2}n^2+\frac{3}{2}n+1$로 나타낼 수 있다.

```
fun2(n) :
  sum = 0
  for i = 1 to n do
      for j = i to n do
          sum = sum * (i + j)
  return sum
```

이와 같이 알고리즘마다 시간 복잡도 함수 $T(n)$을 계산하는 것은 매우 불편한 일이며, 알고리즘의 성능은 입력 크기 n에 대해서 증가하는 추이를 알고자 하는 것이므로 $T(n)$을 직접 사용하지 않는다.

위 두 가지 경우의 시간 복잡도 함수에서 n을 매우 큰 값으로 가정하기 때문에, $T(n)$의 값에 가장 큰 영향을 미치는 것은 최고차항이다. 따라서 알고리즘의 수행에 필요한 시간은 최고차항만을 고려하여도 충분히 가늠할 수 있다는 점을 반영하여 시간 복잡도 함수를 단순화하여 표현하는 방법이 빅오 표기법이다. 각 시간 복잡도 함수의 빅오 표기법은 다음과 같이 나타낼 수 있다.

$T_1(n) = 2n+1$ 일 때 $T_1 = O(n)$

$T_2(n) = \frac{3}{2}n^2+\frac{3}{2}n+1$ 일 때 $T_2 = O(n^2)$

두 알고리즘의 역할을 생각하지 않고 시간 복잡도에 의한 성능만을 분석한다면 입력 크기 n일 때, T_1은 n에 비례하고 T_2는 n^2에 비례하여 시간이 소요된다는 의미이며 n이 증가할수록 T_2

의 소요 시간이 점점 더 오래 걸린다는 것이다. 따라서 같은 작업을 수행하는 알고리즘이라면 n에 정비례보다 더 적은 소요 시간을 나타내도록 설계하는 것이 바람직하다.

빅오 표기법은 알고리즘의 점근적 상한(Asymptotic Upper Bound)이라고 하며, n이 무한대로 증가한다고 가정할 때, 시간 복잡도를 n에 대한 증가율로 표현한다. 빅오 표기법에 의한 몇 가지의 알고리즘 효율성을 분류해 보면 다음과 같다.

■ $O(1)$ (상수 시간(constant time)) : 입력 크기 n에 상관없이 연산 횟수가 일정하다.

```
def fun(n)
   for i : 1 to n,  i = i*2
         a += i
   return a
```

■ $O(\log n)$ (로그 시간(logarithmic time)) : 입력 크기 n에 대해서 연산 횟수가 $\log n$ 으로 증가한다.

```
def fun(n)
   for i : 1 to n,  i = i*2
         a += i
   return a
```

for문이 반복될 때마다 i가 2배씩 증가하고 있으므로 k번 반복한다면 $n = 2^k$가 된다. 따라서 $k = \log_2 n$ 이 되고, k는 연산 횟수이므로 시간 복잡도 함수는 $T(n) = \log n$ 이다.

■ $O(n)$ (선형 시간(linear time)) : 입력 크기가 n일 때 연산 횟수가 n에 비례한다.

```
def fun(n)
   for i : 0 to n-1,  i = i+1
         sum = sum + i
   return sum
```

■ $O(n^2)$ (2차 시간(Quadratic time)) : 입력 크기가 n일 때 연산 횟수가 n^2에 비례한다.

```
def fun(n)
   for i : 0 to n-1,  i = i+1
        for j : 0 to n-1,  j = j+1
              sum = sum + i
   return sum
```

■ $O(2^n)$ (지수 시간(**Exponential** time)) : 입력 크기가 n일 때 연산 횟수가 2^n에 비례한다.

```
def fun(n)

   if( n <= 1)
       return n
   return fun(n-1) + fun(n-2)
```

피보나치 수를 구하는 알고리즘은 2번씩 재귀 호출하기 때문에 지수 시간만큼 시간 복잡도가 증가한다.

이와 같은 빅오 표기법에 의한 시간 복잡도 함수를 증가 추이를 파악할 수 있는 그래프로 나타내면 그림 5-1과 같다. 가로축으로 n의 값이 증가하면서 $O(\log n)$이 상수시간 다음으로 소요 시간이 적으며 지수시간을 소요하는 $O(2^n)$이 소요 시간이 가장 빠르게 증가하고 있다.

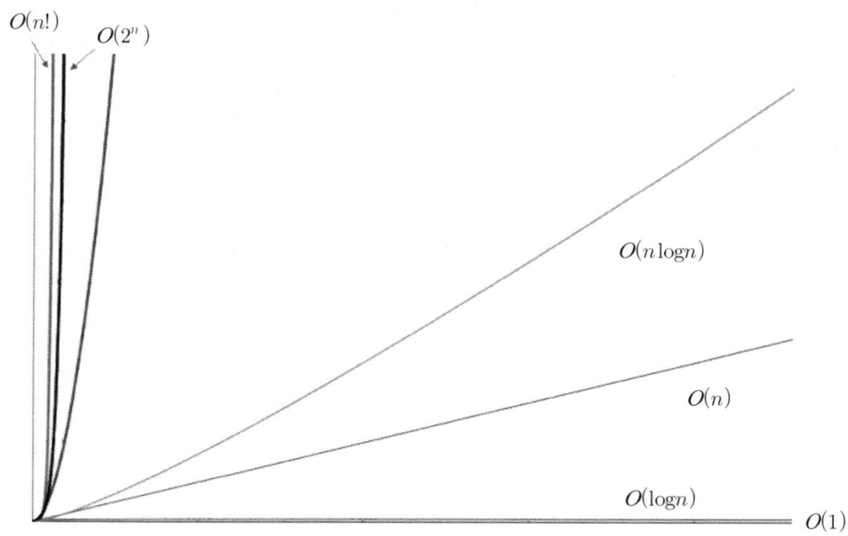

그림 5-1 빅오 시간 복잡도

5.2 선택 정렬

리스트로 구성된 자료의 정렬은 인덱스에 위치한 값을 적절한 위치에 재배치하는 과정이라고 생각할 수 있다. 그림 5-2와 같이 정렬되기 전의 리스트 인덱스 0에는 30이 저장되어 있으나, 정렬 후에는 −9가 저장된다. 이처럼 정렬 리스트를 구하는 알고리즘은 반복적으로 값들을 비교해 가면서 인덱스를 통해서 자료의 위치를 바꾸어가는 과정이라고 수 있다. 이때 값의 위치를 찾는 과정을 정립한 것이 정렬 알고리즘이다.

그림 5-2 리스트의 정렬 예

선택 정렬은 정렬되지 않은 리스트에서 가장 작은 수를 '선택'한다. 그림 5-3에서 가장 작은 값은 인덱스 5에 있는 값이다. 이 값을 리스트의 맨 앞으로 이동시켜서 1이 제 위치를 찾아서 정렬되도록 인덱스 0의 값과 인덱스 5의 값을 서로 바꾸어준다. 이로써 리스트의 첫 번째 값은 정렬이 되었으며 이후 리스트는 정렬되지 않은 상태이다.

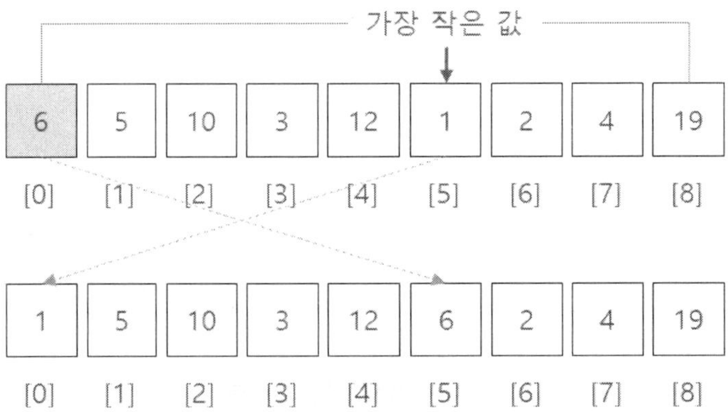

그림 5-3 선택 정렬 과정 : 단계 1

그림 5-4에서 정렬되지 않은 리스트인 인덱스 1부터 8까지의 값을 검사하여 가장 작은 값인 2를 찾는다. 정렬되지 않은 리스트의 맨 앞의 값과 서로 바꾸어준다. 여기에서는 인덱스 1의 값과 인덱스 6의 값을 서로 바꾸게 되어, 전체 리스트에서 앞쪽의 두 값이 정렬되었다.

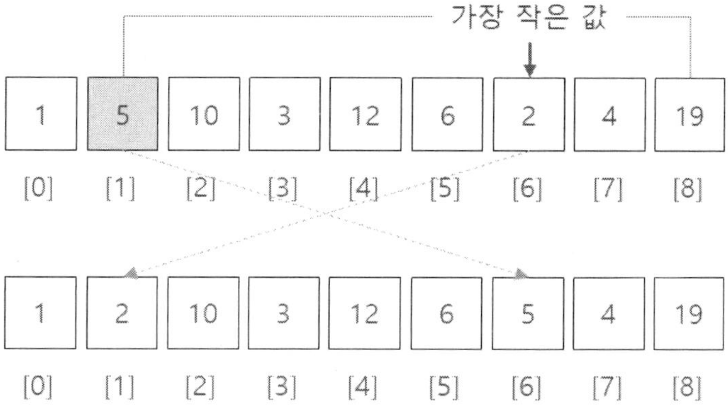

그림 5-4 선택 정렬 과정 : 단계 2

리스트 전체가 정렬될 때까지 이와 같은 과정을 반복하는 것이 선택 정렬 알고리즘이다. 이것으로 보아, 크기가 n인 리스트를 정렬하기 위해서 가장 작은 값을 고르는 작업이 n-1회 수행될 것이다. 맨 마지막의 값이 정렬되지 않은 리스트로 남아 있다면 정렬이 완료될 것이기 때문이다. 그림 5-3에서 9개의 값을 정렬하므로 8회의 가장 작은 값을 선택하는 단계가 수행된다. 선택 정렬은 입력 리스트의 크기가 커질수록 가장 작은 값을 선택하는 횟수도 늘어나기 때문에 시간 복잡도 측면에서의 효율성은 보장할 수 없지만, 직관적이고 단순한 정렬 알고리즘으로 구현이 간단하다.

지금부터 선택 정렬에서 가장 작은 값을 찾는 과정을 살펴보자.

입력 리스트는 정렬되지 않은 상태라고 가정하므로 정렬되지 않은 리스트의 맨 앞의 값은 인덱스 0의 위치이며 이 값이 가장 작다고 가정한다. 그리고 다음 값과 비교하여 더 작다면 그 인덱스를 가장 작은 값이 위치한 곳으로 기억해 둔다.

그림 5-5의 '비교1'에서 6과 5를 비교하여 더 작은 값이 있는 위치를 인덱스 1로 바꾸어 주고 다음 비교부터는 인덱스 1의 값인 5와 비교를 해 나간다. 이처럼 리스트의 마지막 값까지 총 8번의 비교가 끝난 후 가장 작은 값의 인덱스를 찾을 수 있다. 가장 작은 값을 찾은 후 리스트의 첫 번째 값과 교환한다.

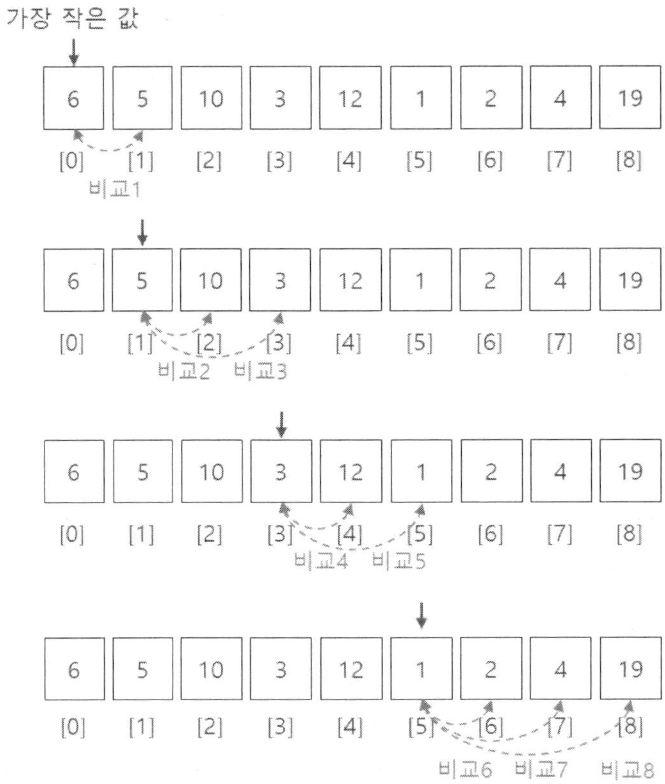

그림 5-5 정렬되지 않은 리스트에서 가장 작은 값을 찾는 과정 : 단계 1

그림 5-6과 같이 다음 단계에서도 이와 같은 과정을 반복하게 되는데, 첫 번째 값은 정렬되었으므로 비교 횟수는 7번으로 1회가 줄어들게 됨을 알 수 있다. 두 번째로 선택된 가장 작은 값을 정렬되지 않은 리스트의 첫 번째 값과 교환하여 전체 리스트의 앞쪽 두 수가 정렬된다.

그림 5-6 정렬되지 않은 리스트에서 가장 작은 값을 찾는 과정 : 단계 2

그림 5-7에서 선택 정렬의 전체 과정과 구현 방법을 살펴본다.

입력 리스트의 크기가 n이라면 정렬이 되지 않은 리스트에서 가장 작은 값을 찾아서 맨 앞으로 옮기는 단계는 n-1 번 반복되고 각 단계에서 비교 과정이 반복된다. 따라서 이중 반복문으로 구현이 될 것이다.

바깥쪽 반복은 정렬되지 않은 리스트의 맨 처음 인덱스(i로 표시)인 0부터 n-2까지 1씩 증가시킬 수 있도록 range(n-1)을 이용하여 리스트를 만든다. i는 가장 작은 값과 바꾸게 될 위치의 인덱스를 나타낸다.

안쪽 반복은 각 단계에서 비교가 반복되는 과정을 구현하게 되는데, 여기에서는 j로 표시되어 있으며, 정렬되지 않은 리스트의 첫 번째 인덱스 i의 바로 다음 인덱스부터 시작되므로 $i+1$부터 $n-1$까지 1씩 증가함을 알 수 있다. 따라서 j가 변화되는 값의 범위는 range(i+1, n)으로 구현한다. 이 반복문에서 가장 작은 값의 인덱스를 기억하는 변수 least를 사용하였다. 단계가 수행될 때마다 least는 i로 초기화되며 조건문에 의해서 더 작은 값의 인덱스를 기록하여 안쪽 반복이 끝났을 때의 least에 저장된 값이 가장 작은 값의 인덱스이다.

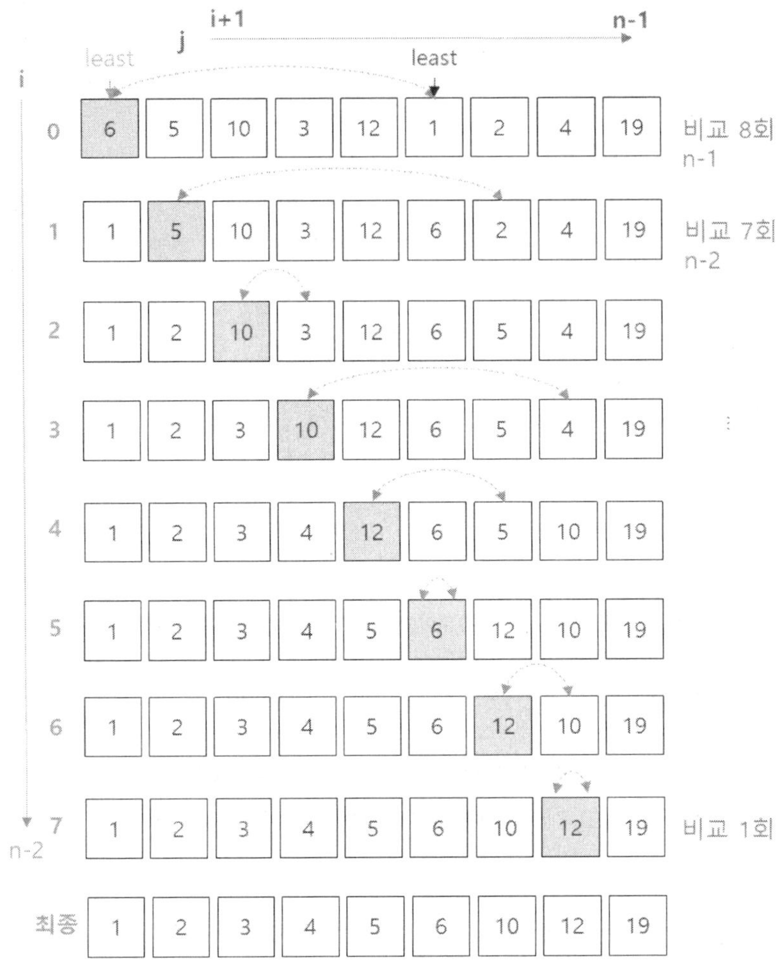

그림 5-7 선택 정렬의 예

각 단계에서 비교 횟수는 1씩 감소할 것이며, 맨 마지막의 두 개의 값을 비교하는 1회의 비교로 정렬이 완료된다. 그 후, 선택된 가장 작은 값과 비교가 시작된 값의 위치를 서로 바꾸어준다. 따라서 값의 이동은 안쪽 반복문이 완료된 후에 일어난다.

이와 같은 과정을 작성한 코드는 다음과 같다. 선택 정렬을 수행하는 함수로 작성하고, 정렬 대상이 되는 리스트를 매개 변수로 입력한다.

```
def selection_sort(A) :            #선택 정렬 함수
    n = len(A)                     #입력 리스트의 크기(길이)를 구한다.
    for i in range(n-1) :
        least = i;                 #가장 작은 값의 인덱스
        for j in range(i+1, n) :   #정렬되지 않은 리스트에서 가장 작은 값 찾기
            if (A[j] < A[least]) : #두 값의 비교
                least = j          #더 작은 값의 인덱스로 least 갱신
        A[i], A[least] = A[least], A[i] #위치 이동(값 교환)

        print("  단계  ", i+1, A);
```

테스트 코드를 작성하여 실행 결과를 확인해 본다.

```
print("선택 정렬의 예")
my_list = [6,5,10,3,12,1,2,4,19]
print("input list:", my_list)
selection_sort(my_list)
print("sorted list:", my_list)
```

```
선택 정렬의 예
input list: [6, 5, 10, 3, 12, 1, 2, 4, 19]
  단계   1 [1, 5, 10, 3, 12, 6, 2, 4, 19]
  단계   2 [1, 2, 10, 3, 12, 6, 5, 4, 19]
  단계   3 [1, 2, 3, 10, 12, 6, 5, 4, 19]
  단계   4 [1, 2, 3, 4, 12, 6, 5, 10, 19]
  단계   5 [1, 2, 3, 4, 5, 6, 12, 10, 19]
  단계   6 [1, 2, 3, 4, 5, 6, 12, 10, 19]
  단계   7 [1, 2, 3, 4, 5, 6, 10, 12, 19]
  단계   8 [1, 2, 3, 4, 5, 6, 10, 12, 19]
sorted list: [1, 2, 3, 4, 5, 6, 10, 12, 19]
```

선택 정렬의 시간 복잡도는 $O(n^2)$이다. 입력의 크기가 n일 때, 이중 반복문의 바깥쪽에서 n-1번 반복되고, 안쪽 반복문에서 비교 횟수가 각각 n-1, n-2, n-3, ..., 1번씩 일어난다. 따라서 전체 비교 횟수는 $(n-1)+(n-2)+...+1 = n(n-1)/2 = (n^2-n)/2$이므로 빅오 표기법에 의해서 최고차항인 n^2에 비례하는 시간 복잡도이다.

시간 복잡도에서 선택 정렬은 효율성이 좋지 않지만, 알고리즘이 직관적이고 간단하며 입력 리

스트의 크기에 따라서 비교나 값의 이동 횟수가 미리 정해지므로 이 정보를 활용할 수 있는 특징이 있다.

5.3 삽입 정렬

삽입 정렬은 정렬할 대상이 되는 값의 앞쪽으로 비교해 나가면서 위치를 찾아서 그 자리에 삽입하여 정렬하는 알고리즘이다. 무작위로 줄을 선 사람들이 키 순서대로 서는 과정에서 한 명씩 자신의 앞쪽 사람부터 비교하여 자신의 키에 맞는 위치를 찾으면 그 자리로 들어가고 그 뒤쪽 사람들은 한 자리씩 물러나서 정렬이 완성되는 원리이다.

입력 리스트를 오름차순으로 정렬하는 과정을 살펴보자. 그림 5-8은 리스트의 네 번째 항목인 3을 정렬하는 예이다. 정렬 대상이 되는 값의 바로 앞부터 리스트의 앞쪽으로 이동하면서 비교하여 대상 값이 들어갈 위치를 찾는다. 여기에서는 값 3이 가장 작으므로 리스트의 첫 번째 자리로 이동해야 한다. 그래서 첫 번째부터 세 개의 값을 한 자리씩 뒤로 이동시키고 인덱스 0의 자리에 3을 삽입하였다.

이제 리스트의 앞쪽 네 개는 정렬된 리스트이고 나머지는 정렬되지 않은 리스트이다. 정렬되지 않은 리스트의 맨 앞의 값을 정렬된 리스트의 적절한 위치에 삽입하여 전체 리스트를 정렬한다.

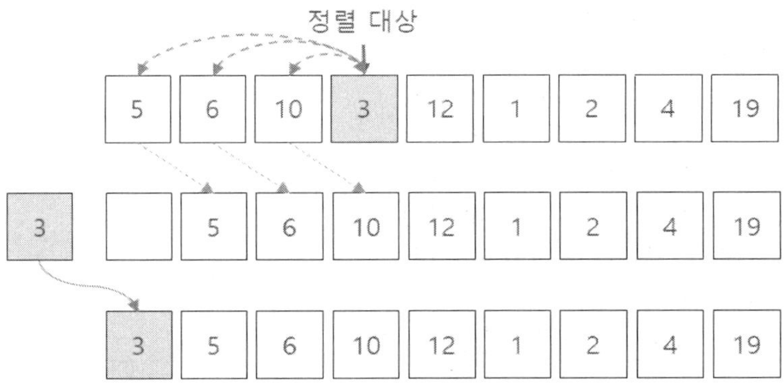

그림 5-8 삽입 정렬 원리

삽입 정렬은 리스트의 첫 번째 값은 정렬되어 있다고 가정하고 두 번째 값부터 앞쪽으로 비교해 가면서 제 자리를 찾아가는 과정을 반복한다. 그림 5-9에서 보이는 것처럼 바깥쪽 반복의 i는 인덱스 1부터 시작하여 $n-1$까지 1씩 증가하여 정렬되지 않은 리스트의 맨 처음 인덱스를 나타낸다. 안쪽 반복에서 j는 비교할 값의 인덱스로 사용하여 $i-1$부터 1씩 감소하면서 정렬 대상의 값과 비교를 반복한다. 이때 정렬 대상보다 더 작은 값을 만나면 비교를 멈춘다. 이와 같이 바깥쪽과 안쪽의 반복이 서로 반대 방향으로 진행되며, *i* 번째 단계에서 *j* 번째의 값이 들어갈 자리를 찾아서 그 위치에 삽입하는 과정을 반복한다.

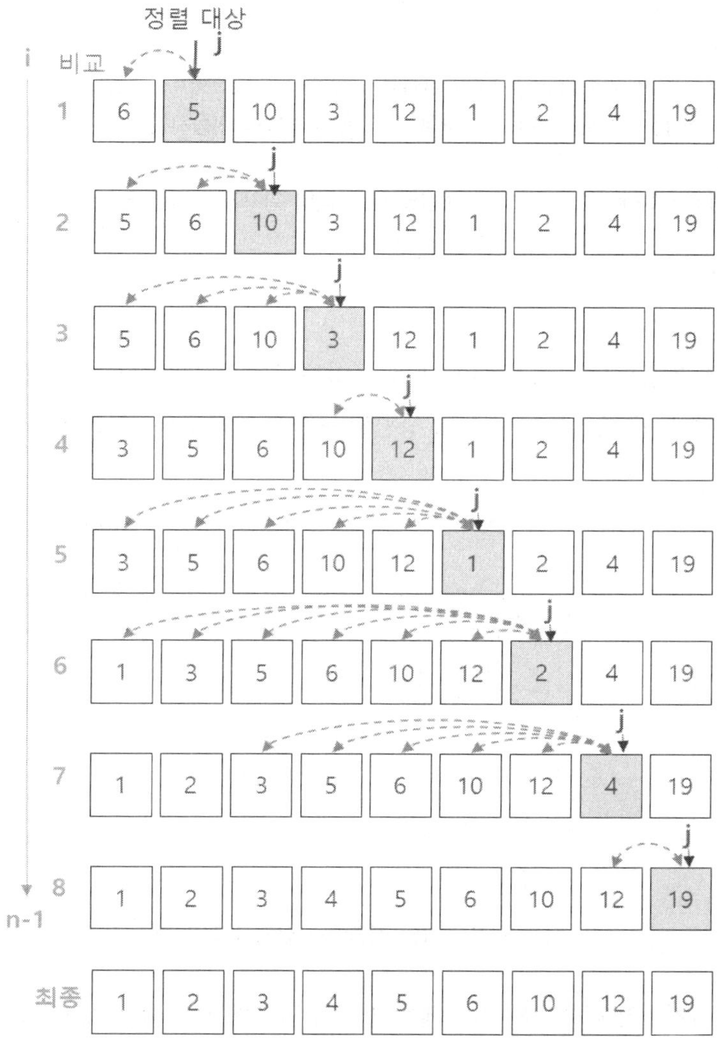

그림 5-9 삽입 정렬의 예

삽입 정렬의 구현을 위해서 이중 반복문을 사용한다. 바깥쪽 반복은 range(1, 리스트 크기)로 반복문을 구현하고, 정렬의 대상이 되는 인덱스의 값을 변수에 임시로 저장한다. 안쪽 반복은 정렬 대상보다 더 큰 값일 경우에만 앞쪽으로 비교를 반복하도록 while로 구현한다.

안쪽 반복에서 빠져나오면 더 작은 값을 만났거나 리스트의 맨 앞까지 비교가 끝났으므로 해당

j의 자리가 정렬 대상 값이 삽입될 인덱스이므로 임시 변수의 값을 할당한다.

```
def insertion_sort(arr):          #삽입 정렬 함수
    n = len(arr)                  #입력 리스트의 크기(길이)를 구한다.
    for i in range(1, n):
        temp = arr[i]             #정렬 대상 값
        j = i
        while j > 0 and arr[j-1] > temp:  #앞쪽으로 비교해 나간다.
            arr[j] = arr[j-1]     #더 큰 값은 뒤쪽으로 이동시킨다.
            j -= 1
        arr[j] = temp             #정렬 대상 값의 위치에 삽입한다.

        print(arr)
```

삽입 정렬의 시간 복잡도는 그림 5-10에서 볼 수 있듯이 안쪽 반복의 횟수가 입력 리스트의 상태에 따라서 달라진다. 즉 리스트에서 이미 정렬된 구성이 많을수록 비교 횟수가 줄어들 것이다.

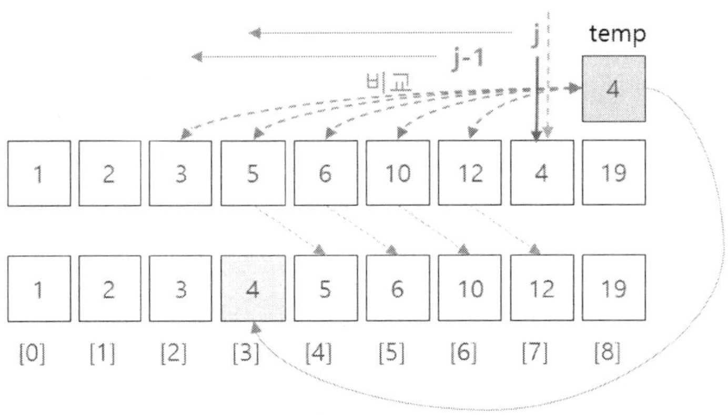

그림 5-10 삽입 정렬에서 삽입 과정의 예

이미 정렬된 크기가 n인 리스트의 경우에는 바깥쪽 반복에 의해서 전체 리스트의 값을 비교만 하여 정렬이 완료되므로 시간 복잡도는 $O(n)$이 된다. 그러나 정렬된 리스트를 입력하여 역순으로 정렬하는 경우에는 각 단계에서 정렬 대상의 앞쪽에 위치한 모든 값을 비교하여 교환하게 된다. 따라서 안쪽 반복에서 비교 및 자리의 이동에 소요되는 시간도 $O(n)$가 필요로 하므로 최악의 시간 복잡도는 $O(n^2)$이다.

삽입 정렬은 선택 정렬과 마찬가지로 추가적인 공간을 사용하지 않고 현재 리스트에서 정렬이 이루어진다.

5.4 퀵 정렬

지금까지 알아본 선택 정렬과 삽입 정렬은 원리가 비교적 간단한 정렬 알고리즘이지만 시간 복잡도의 측면에서 비효율적이다. 퀵 정렬은 평균적으로 시간 복잡도 $O(nlogn)$으로 수행하여 빠른 정렬이 가능한 알고리즘이다.

시간 복잡도 함수가 입력 n에 대해서 $\log n$ 으로 나타나면 처리하는 입력 크기가 어떤 요인에 의해서 줄어들기 때문이다. 이러한 관점에서 퀵 정렬은 입력 리스트 전체를 한 번에 처리하지 않고 나누어서 정렬하면서 시간 복잡도를 줄인다는 것을 예상할 수 있다.

퀵 정렬의 기본 원리는 정렬할 리스트의 기준값을 정하고 그보다 작은 값은 기준의 왼쪽으로 위치시키고, 더 큰 값은 오른쪽으로 위치시키는 과정을 반복한다. 이 과정을 통해서 기준 값은 순서에 맞게 제 위치에 정렬된다. 이제, 기준 값의 왼쪽과 오른쪽의 부분 리스트를 같은 방법으로 정렬해 나가면 각 부분 리스트의 항목이 1개 이하로 남을 때 정렬이 완료될 것이다.

그림 5-11은 입력 크기가 n인 리스트를 퀵 정렬로 정렬하는 과정이다. 부분 리스트가 각각 두 개로 나누어지면서 1개의 항목이 남을 때까지는 $\log n$ 회의 단계를 거치며 각 단계에서 모든 부분 배열의 원소를 비교하는 횟수는 n이므로 비교 연산의 총횟수는 $n \log n$이 된다. 그러므로 시간 복잡도는 $O(n \log n)$이다.

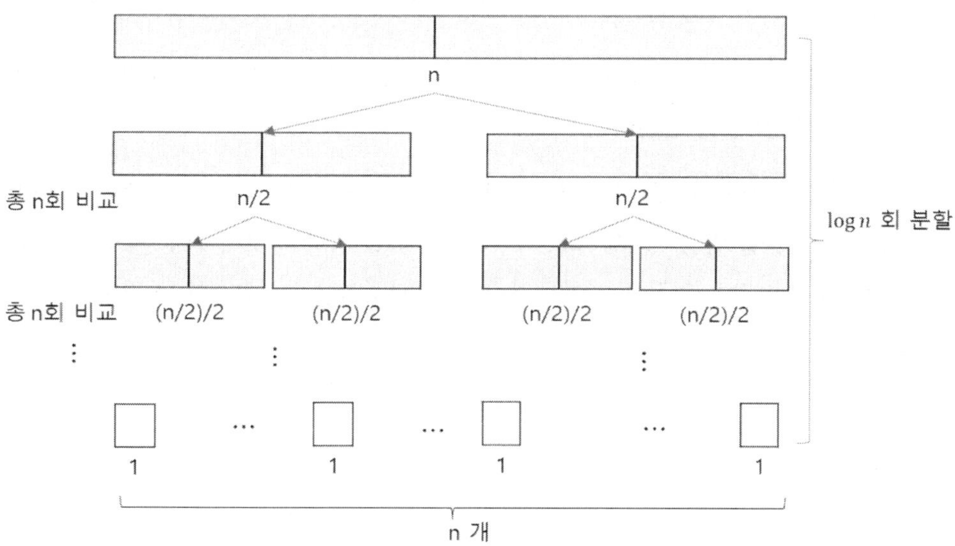

그림 5-11 퀵 정렬의 원리

정렬할 리스트를 두 개의 부분으로 나누어 주는 기준 값을 피벗(pivot)이라고 하며, 피벗보다 작은 값들의 부분 리스트와 더 큰 값들의 부분 리스트로 나누어주는 것을 파티션 스텝(partition step)이라고 한다.

두 부분 리스트를 나눈 후 각 부분 리스트에 대해서 같은 과정을 반복하므로 퀵 정렬은 재귀적 방법으로 구현하는 것이 직관적이다. 다음과 같이 퀵 정렬 알고리즘을 살펴보면, 입력 리스트 S에서 피벗의 인덱스를 중심으로 왼쪽 리스트와 오른쪽 리스트를 각각 quicksort()의 인자로 전달하면서 재귀 호출하고 있다.

```
quicksort(S, start, end) :
      if (start < end)
         pivotpoint= partition(S, start, end)
         quicksort(S, start, pivotpoint-1)
         quicksort(S, pivotpoint+1, end)
```

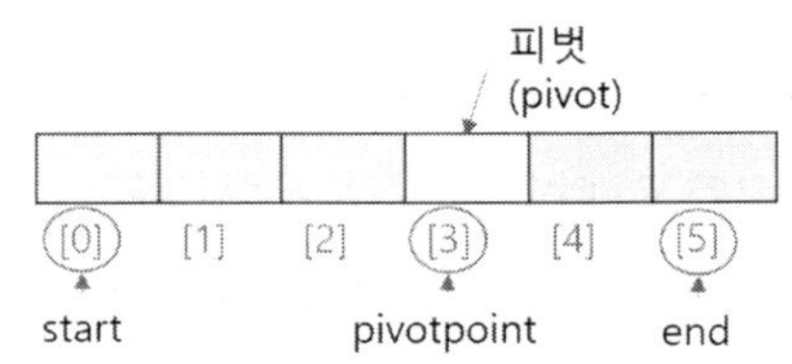

지금부터 퀵 정렬을 구현해 본다. 먼저 파티션 스텝을 수행하는 함수를 살펴보자. 파티션은 리스트를 두 개의 부분으로 나누어주는 피벗의 위치를 찾는 과정이며, 피벗의 위치는 그 피벗 값이 정렬되는 자리이다.

피벗을 정하는 방법은 여러 가지이지만, 입력 리스트의 첫 번째 항목을 피벗으로 정한다고 가정하자. 두 개의 인덱스, i와 j를 각각 리스트의 오른쪽 방향과 왼쪽 방향으로 이동시킨다.

i는 피벗의 왼쪽에서 시작하여 오른쪽으로 1씩 증가하면서 피벗과 리스트의 i번째 값과 비교하여 더 큰 값을 만나면 이동을 멈춘다.

j는 리스트의 마지막에서 시작하여 왼쪽으로 1씩 감소하면서 피벗과 j번째 값을 비교하여 더 작은 값을 만나면 이동을 멈춘다. 그리고 i와 j번째의 값을 서로 바꾸어주어, 피벗보다 더 큰 값은 오른쪽으로 더 작은 값은 왼쪽으로 이동시킨다. 이 과정을 j가 i보다 더 큰 경우에 반복한다.

```
def partition(S,  start,  end) :
        pivot = S[start]   #피벗
        i = start+1       #더 큰 수를 찾는 인덱스
        j = end          #더 작은 수를 찾는 인덱스
        while (i <= j):
                while( i <= j and S[j] > pivot): j -= 1
                while(i <= j and S[i] < pivot):  i += 1
                if (i < j) :
                        S[i], S[j] = S[j], S[i]  #swap
                        i += 1
                        j -= 1
        pivot_index = j
        S[start], S[j] = S[j], S[start]
        return pivot_index
```

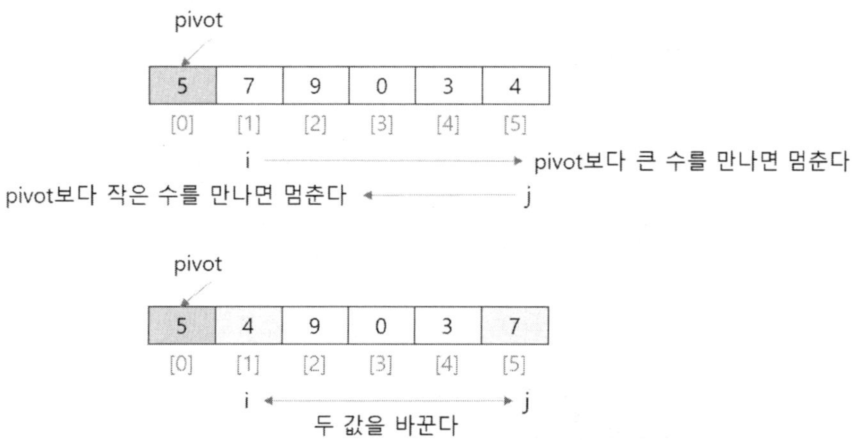

퀵 정렬을 수행하는 함수는 입력 리스트에서 피벗의 위치를 파악하는 partition()함수를 호출하여 피벗이 위치하는 인덱스를 리턴받아서 피벗의 왼쪽과 오른쪽 리스트를 입력으로 하는 재귀 호출로 구현한다. 이때 파티션과 재귀 호출은 부분 리스트의 시작 인덱스가 마지막 인덱스보다 더 작을 때 수행된다.

```
def quicksort(S, start, end) :
        if (start < end):
            pivot_index = partition(S, start, end)
            quicksort(S, start, pivot_index-1)
            quicksort(S, pivot_index+1, end)
```

퀵 정렬의 테스트 코드를 다음과 같이 작성하고 실행 결과를 확인해 보자.

```
S = [5,7,9,0,3,4]
start = 0
end = len(S)-1
quicksort(S, 0, len(S)-1)
print(S)
```

이 예에서 첫 번째 단계에서의 파티션 과정을 그림 5-12에서 볼 수 있다. 마지막 단계에서 j가 i보다 더 작아져서 피벗보다 더 작은 값들이 모두 리스트의 왼쪽으로 이동했으므로, j위치의 값과 피벗을 서로 바꾸어준다. 이 때 j가 바로 두 개의 부분 리스트로 나누는 인덱스이다.

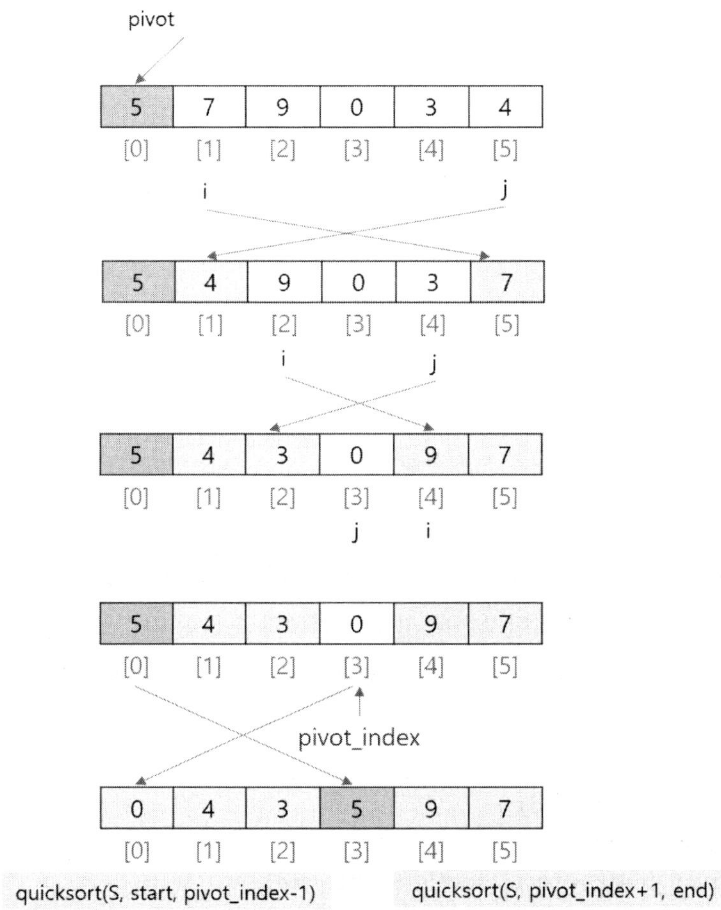

그림 5-12 퀵 정렬의 파티션의 예

그림 5-13은 예의 퀵 정렬 과정이다. 두 부분으로 나누어진 리스트에서 피벗의 위치를 찾으면서 정렬이 반복되고 최종적으로 1개의 항목만 남아서 정렬이 완료된다.

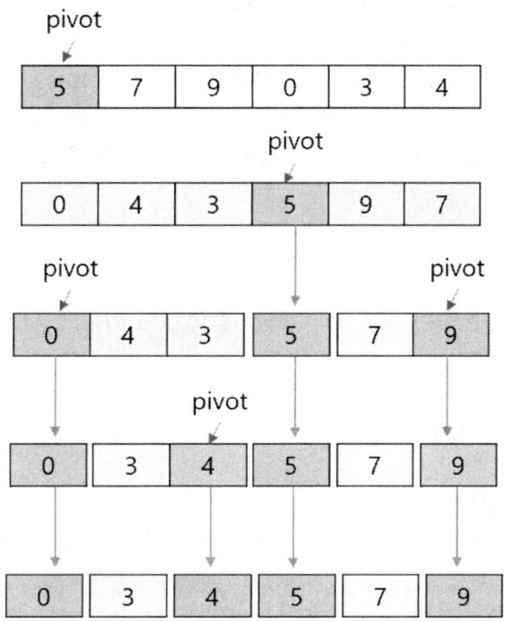

그림 5-13 퀵 정렬의 예

Exercise

1. 다음 중 정렬 알고리즘에 대한 설명으로 잘못된 것을 모두 고르시오.

① 1000개의 정렬되지 않은 리스트에서 오름차순으로 처음 10개의 값을 알아내기 위해서 적절한 알고리즘은 삽입 정렬이다.

② 삽입 정렬은 값의 이동이 많이 일어나므로 대부분이 이미 정렬된 경우에 효율적이다.

③ 선택 정렬은 입력 리스트의 크기에 의해서 이동 연산 횟수를 미리 알 수 있다.

④ 퀵 정렬에서 배열을 나누는 과정이 n번 반복되고 반복되는 각 단계에서의 비교는 $O(\log n)$이다.

2. 다음은 삽입 정렬을 구현하는 코드이다. 삽입 정렬 알고리즘의 원리대로 실행되도록 빈 칸을 채우시오.

```
def insertion_sort(A):
    n = len(A)
    for i in range(1, n):
        for j in range((1)________): #정렬할 값의 앞쪽으로 비교해 나가는 범위 생성
            (2)i_______________#정렬할 값이 바로 앞쪽의 값보다 더 작다면
                A[j - 1], A[j] = A[j], A[j - 1] #두 값을 바꾸어준다.
            else: break
        print(A)
```

3. 다음 코드의 빅오 표기법으로 시간 복잡도를 나타내시오.

(1)

```
func(n) :
        for i in range(n):
                sum += i;
        for j in range(n):
                sum += j;
        for p in range(n):
            for q in range(n):
                sum = p * q
```

(2)

```
func(n) :
        count = 0
        while n > 0 :
           n = n // 2
           count += 1
        return count
```

(3)

```
func(n) :
        return n*(n+1)/2
```

(4)

```
func(n) :
        for i in range(0, n, 2)
            k= i *10
        for j in range(n)
            k = j % 2
```

4. 다음과 같은 리스트를 퀵 정렬할 때, 리스트의 분할(pratition)이 몇 회 발생하는가? 또한 분할이 될 때 피벗으로 선택되는 원소의 인덱스는 무엇인지 나열하시오. 리스트의 첫 번째 원소를 피벗으로 선택한다고 가정한다.

6	3	8	4	1	9	2	7

5. 퀵 정렬을 수행할 때 최악의 시간 복잡도는 무엇이며, 이러한 경우는 언제 발생하게 되는지를 설명하시오.

Chapter 6

이진 탐색과 해싱 : 빠르게 찾기

지금까지 자료구조를 효율적으로 구성하고 정렬 알고리즘을 통해서 자료를 재배열하는 기법들을 알아보았다. 이러한 작업의 목적 중 하나는 탐색 과정에서 원하는 자료를 빠르게 획득하기 위한 것이다. 이번 장에서는 이진 탐색과 해싱의 탐색 알고리즘을 학습하고자 한다.

6.1 이진 탐색의 원리

영한사전에서 어떤 단어를 찾을 때 첫 알파벳으로 시작될 것 같은 페이지를 펼친 후에 알파벳의 순서에 따라서 앞쪽 또는 뒤쪽으로 페이지를 넘기는 일을 반복한다. 이것은 사전의 단어들은 알파벳 순으로 정렬되어 있다는 사실을 이용하여 탐색하는 페이지의 범위를 줄여가면 단어를 빠르게 찾을 수 있기 때문이다. 이러한 원리를 정렬된 자료에 적용한 탐색 알고리즘을 이진 탐색이라고 한다.

컴퓨터 알고리즘에서 탐색이란 주어진 자료 중에서 원하는 값을 찾는 작업을 말한다. 만약 정렬되지 않은 리스트가 주어졌을 때 특정한 값을 찾아내는 경우를 생각해 보자. 리스트의 처음부터 하나씩 값을 비교해 가는 순차 탐색을 해야 할 것이다. 이때 찾는 값이 뒤쪽에 있을수록 리스트의 크기에 비례하여 비교 과정이 많아지게 되므로 시간 복잡도는 $O(n)$으로 나타난다. 반면에 순서대로 정렬된 리스트를 탐색 대상으로 한다면 사전에서 단어를 찾는 것처럼 자료의 반을 나누어서 탐색하는 것이 효율적이라는 것에 착안한 것이 이진 탐색이다. 그림 6-1에서 이진 탐색의 원리를 살펴보자. 찾는 값이 정렬된 리스트의 중앙에 위치한 값보다 더 작다면 왼쪽의 부분 리스트로 탐색을 범위를 줄인다. 그리고 왼쪽 리스트에서 중앙에 위치한 값과 찾는 값을 비교하여 다시 탐색의 범위를 반으로 줄여나간다. 여기에서 단 두 번의 탐색 과정이 반복되었지만 이미 탐색의 범위는 입력 리스트 크기의 4분의 1로 감소하여 비교 횟수가 줄어들 수 있음을 볼 수 있다.

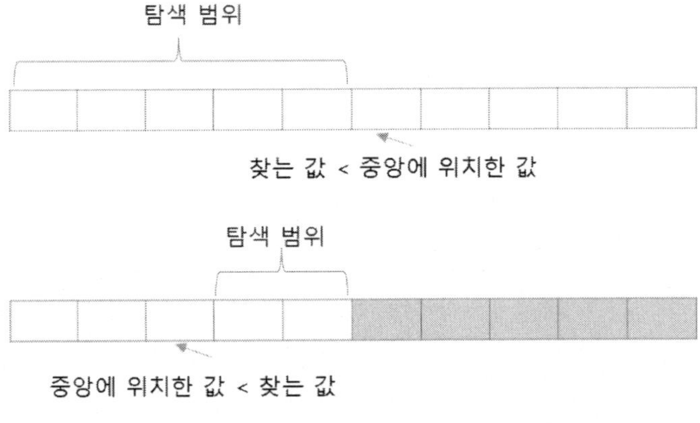

그림 6-1 이진 탐색의 원리

참고로 이진 탐색 알고리즘은 입력 리스트를 반으로 나누고 값을 비교하여 탐색의 목적을 달성하는 과정을 반복한다. 이러한 기법의 알고리즘을 분할정복(Divide and Conquer)이라고 한다.

이진 탐색 알고리즘의 동작 과정을 그림 6-2와 같이 정렬된 리스트에서 값 6을 탐색하는 예를 통해서 살펴본다. 입력은 크기가 9인 정렬된 리스트이며, 탐색 키(탐색하고자 하는 값)는 6이다. 그리고 알고리즘의 수행 결과는 탐색 키가 존재한다면 그 위치를 알려주는 인덱스이며, 그렇지 않으면 탐색 실패로 나타날 것이다.

이진 탐색 알고리즘을 구현할 때 탐색 범위에 해당하는 리스트의 인덱스를 변화시켜서 리스트의 크기를 반씩 줄여나간다. 그림 6-2에서 탐색 범위의 처음 인덱스를 low, 마지막 인덱스를 high로 표시하고 있다. 최초 단계에서는 입력된 9개의 값을 대상으로 탐색할 것이므로 low는 0, high는 리스트의 크기-1(여기에서는 8)이다.

실생활에서 사전의 단어를 찾을 때에는 첫 번째 글자가 나타날 페이지를 어림잡아 넘겨 보면서 찾게 되지만, 알고리즘의 구현에서는 입력 자료의 형태가 정해지지 않기 때문에 탐색 범위의 중앙에 위치한 값과 비교를 해 나간다.

첫 번째 단계에서 리스트 중앙에 위치한 값은 middle로 표시된 인덱스 4의 값인 5이다. 이는 탐색 키 6보다 더 작다. 그렇다면 탐색 키 6은 인덱스 middle과 high 사이에 있을 수 있으며, middle보다 더 작은 인덱스 범위에는 없다는 것을 알 수 있다. 따라서 다음 단계에서 탐색 범위는 middle+1부터 high까지로 바꾸어 줄 수 있도록 low를 middle+1로 변경한다.

그림 6-2에서 볼 수 있듯이 두 번째 단계에서 탐색이 시작되는 인덱스가 5로 바뀌어서 탐색 대상이 4개로 감소하였다. 여기에서도 같은 방법으로 탐색 범위의 중앙에 위치한 값인 10과 탐색 키 6을 비교한 결과, 왼쪽 부분 리스트에 탐색 키가 있을 수 있으므로 high의 값을 middle-1로 바꾸어서 범위를 좁혀 준다. 이제 탐색의 대상이 되는 요소가 1개가 되었으며 이 값이 6이므로 인덱스 5의 위치에서 탐색되었다.

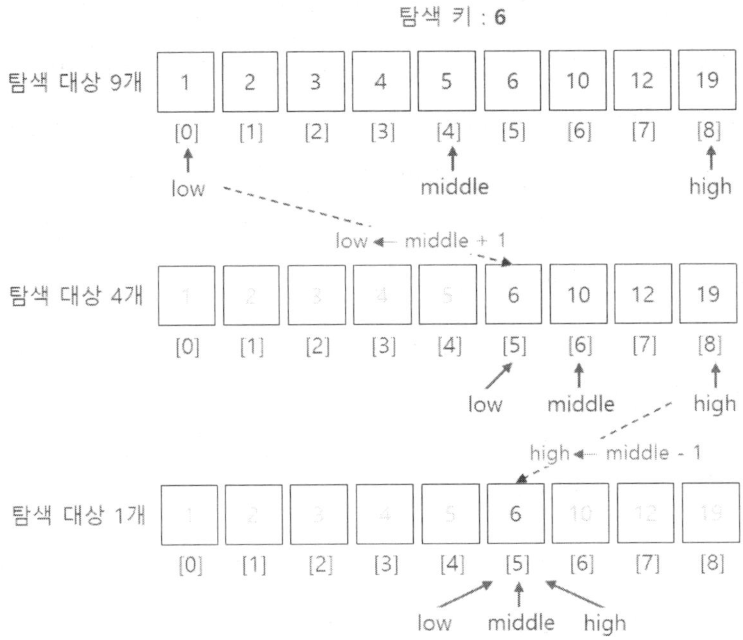

그림 6-2 이진 탐색의 예

이진 탐색 알고리즘의 시간 복잡도를 알아보기 위해서 입력 리스트의 크기가 n일 때 몇 번의 비교가 수행된 후에 탐색이 완료되는지를 살펴본다.

알고리즘이 수행되는 각 단계에서 비교 횟수는 1번이며, 탐색 대상이 되는 리스트의 크기가 1일 때 완료된다. 따라서 몇 번의 단계가 진행되었을 때 리스트의 크기가 1이 되는지를 계산하여 비교 횟수를 알 수 있다.

탐색 단계가 거듭될 때 탐색 범위는 반으로 줄어들기 때문에 첫 번째 탐색 시 리스트의 크기는 n, 두 번째 탐색 시 리스트의 크기는 $n/2$, 세 번째 탐색 시 리스트의 크기는$(n/2)/2 = n/2^2$이며, k번째 탐색 시의 리스트 크기는 $n/2^k$로 표현할 수 있다. (n이 매우 크다고 가정하므로 $n/2^{k-1}$에서 -1을 생략해도 무방하다.)

여기에서 $n/2^k = 1$일 때 $k = \log_2 n$이므로 이진 탐색의 시간 복잡도는 $O(\log_2 n)$이다. 만약 1억 명의 이름이 정렬된 리스트에서 어떤 이름이 존재하는지를 검사한다면 이진 탐색으로는 최대 약 27회의 비교가 수행되지만 순차 탐색의 경우는 평균 5000회, 최악의 경우는 1억 회의 비교가 필요할 것이다.

6.2 이진 탐색의 구현

파이썬으로 이진 탐색 알고리즘을 구현해 보면 리스트의 탐색 범위에서 인덱스 middle을 계산하고 해당 위치의 값과 키를 비교하는 과정을 반복한다. 이때, 비교 결과에 따라서 low와 high의 값을 바꾸어서 탐색 범위를 반으로 줄여 나간다. 반복이 끝나는 조건은 탐색 키를 찾게 되어 그 위치의 인덱스를 반환하거나 탐색이 완료되었으나 키와 일치하는 값을 찾지 못하여 탐색이 실패한 경우이다. 따라서 반복문 while은 low가 high보다 더 큰 경우에 멈추게 된다.

```
def binary_search(A, key, low, high) :
    count=0
    while (low <= high) :                    # 탐색 반복
        middle = (low + high) // 2           # 탐색 범위의 가운데 인덱스 계산
        if key == A[middle]:                 # 리스트의 가운데 값과 키가 같은지 비교
            count+=1
            return (str(middle)+"번 인덱스에 있음", str(count)+ "회 비교")
                                             # 키의 인덱스를 반환
        elif (key > A[middle]):              # 키가 리스트의 가운데 값보다 크다면
            count+=1
            low = middle + 1                 # 탐색 범위를 리스트의 오른쪽 반으로 조정
        else:
            high = middle - 1
                  # 키가 리스트의 가운데 값보다 작다면 리스트의 왼쪽 반으로 조정

    return ("키가 없음", str(count)+"회 비교") # 반복이 끝났다면 키가 없는 경우이다
```

이진 탐색을 수행하는 함수 bineary_search를 테스트하여 보자. 먼저 정렬된 리스트 A와 탐색 키를 할당한다. 그리고 low와 high의 값을 설정하여 함수의 인자로 넘겨준다. 두 번째 테스트의 예로 0부터 1억 개의 정수로 구성되는 리스트를 range()함수를 이용하여 생성하고 탐색 결과를 출력한다.

```
A = [1,2,3,4,5,6,7,8,9,10]
key = 9
low = 0
high = len(A)-1
print(binary_search(A, key, low, high))
```

```
A = range(100000000)
key = len(A)
high = len(A)-1
print(binary_search1(A, key, low, high))

-결과-
('8번 인덱스에 있음', '3회 비교')
('키가 없음', '27회 비교')
```

그림 6-3에서 이진 탐색의 또다른 예와 탐색 실패에 의해서 종료되는 상황을 살펴보자. 9개의 항목으로 이루어진 정렬된 리스트에서 값 7을 탐색하는 경우이다. 첫 번째 단계에서 이미 탐색 키 7이 오른쪽 부분 리스트에 존재하므로 탐색 범위가 인덱스 5에서 8로 변화되었다. 여기에서 다시 중앙에 위치한 값인 10과 7을 비교하여 high가 middle-1의 값으로 바뀌면서 탐색 대상이 1개인 부분 리스트가 되었다. 이때 리스트의 비교 대상이 되는 값이 6이고 탐색 키는 7이므로 low가 middle+1로 바뀐다. 여기에서 low의 값이 high보다 더 크므로 탐색이 종료되며 그 결과는 탐색 실패이다.

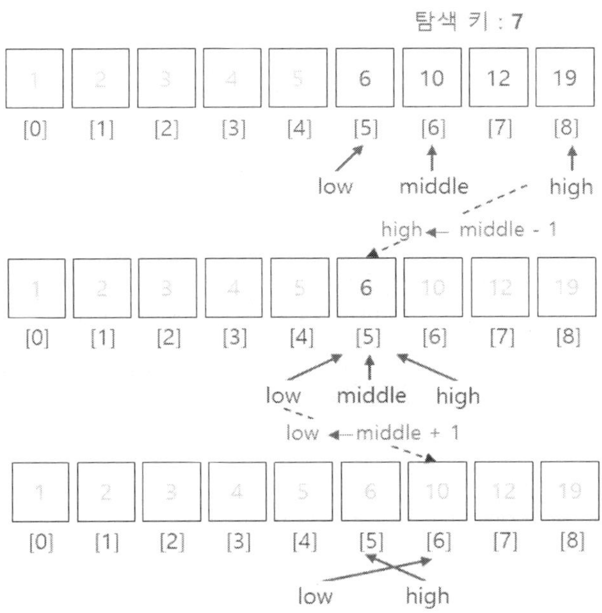

그림 6-3 이진 탐색의 종료 예

이와 같이 이진 탐색의 구현은 탐색 범위의 가운데 값을 비교하고 다시 범위를 반으로 줄이는 과정을 반복하고 있으므로 재귀 호출로 구현할 수도 있다. 함수 binary_search_recursion은 입력 리스트의 중앙에 위치한 값과 탐색 키를 비교한 후에 그 결과에 따라서 탐색 범위를 줄이고 다시 자신을 호출하여 같은 과정을 반복하고 있다. 탐색 범위는 low와 high의 값으로 주어지므로 재귀 호출 시에 전달되는 값이 이진 탐색 알고리즘에 의해서 변경된다. 재귀 호출은 함수 호출 스택에 호출된 순서로 쌓이게 되며 함수의 종료(반환)에 의해서 호출된 역순으로 실행된다.

```
def binary_search_recursion(A, key, low, high) :
    if (low <= high) :
        middle = (low + high) // 2
        if key == A[middle]:       # 리스트의 가운데 값과 키가 같다면
            return(str(middle)+"번 인덱스에 있음") #키의 인덱스를 반환
        elif (key < A[middle]) :  # 리스트의 가운데 값보다 키가 작다면
            return binary_search_recursion(A, key, low, middle - 1) # 리스트의 왼쪽을 탐색 
대상으로 하여 재귀호출
        else :
            return binary_search_recursion(A, key, middle + 1, high) # 리스트의 오른쪽을 
탐색 대상으로 하여 재귀호출
```

함수 binary_search_recursion를 테스트하는 코드를 작성하고 실행 결과를 확인해 보자.

```
A = [1,2,3,4,5,6,7,8,9,10]
key = 9
low = 0
high = len(A)-1
print(binary_search_recursion(A, key, low, high))

A = range(100000000)
key = len(A)
high = len(A)-1
print(binary_search_recursion(A, key, low, high))
```

6.3 해싱의 원리

이진 탐색을 비롯하여 여러 가지의 탐색 알고리즘은 저장된 리스트의 항목들과 탐색 키를 반복적으로 비교해 가면서 탐색한다. 이진 탐색의 시간 복잡도는 $O(\log_2 n)$ 으로 효율적인 알고리즘

이지만, 궁극적으로 원하는 값을 단 한 번의 시도에서 찾을 수 있다면 가장 좋을 것이다. 이와 같이 탐색에서 비교 등의 작업 횟수를 최소한으로 수행하여 목적을 달성하고자 고안된 기법인 해싱(hashing)은 비교를 반복하는 방식이 아니라 탐색 키를 특정 수식으로 계산한 값으로 저장된 위치를 한 번에 찾는 방식이다.

실생활에서 우편물의 배달은 주변의 집들을 방문해 가면서 수령자의 이름을 비교하여 확인하는 것이 아니라 주소에 해당하는 위치로 한 번에 바로 찾아간다. 이것은 주소라는 유일한 정보가 있기 때문이다. 이러한 주소를 통한 탐색의 개념을 자료구조에 도입한 것이 해싱이다. 따라서 해싱 알고리즘을 이해하기 위해서 자료의 위치에 주소를 적용하는 원리와 이를 이용하여 자료를 찾아내는 방법을 살펴본다.

해시(hash)의 사전적 의미는 잘게 쪼갠 조각이라는 뜻이다. 그림 6-4와 같이 전화번호부를 예로 생각해 보자. 전화번호를 알고 싶은 사람의 이름을 검색(탐색)하여 일치하는 이름에 매칭된 번호를 획득한다. 이 과정에서 사람 이름이 아니라 이를 대체하는 짧은 코드로 변환하고 그 코드에 해당되는 전화번호를 찾도록 설계한다는 의미에서 해싱이라고 한다. 탐색 키로 사용할 사람 이름과 같은 문자열과 같은 긴 코드 대신 짧은 코드가 더 효율적일 것이다. 또한 사람 이름은 길이가 정해져 있지 않지만 해시 함수로 변환된 짧은 코드는 그 길이가 일정하게 정해진다.

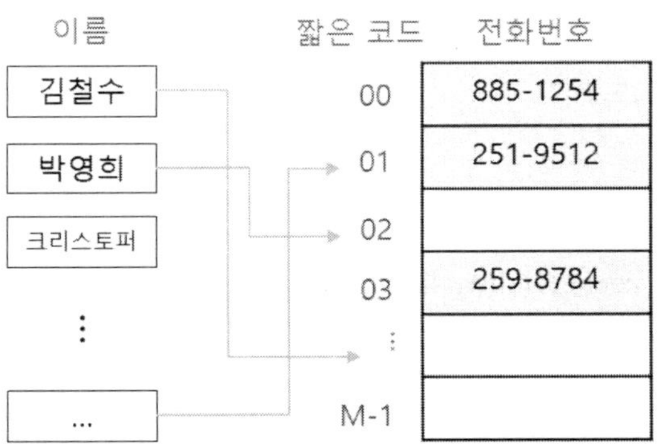

그림 6-4 해싱의 개념

해싱 알고리즘에서 사용되는 용어를 알아보자. 그림 6-4의 예에서 사람 이름이 탐색 키이다. 이를 변환한 짧은 코드가 전화번호의 위치를 바로 찾아갈 수 있는 주소의 역할을 하므로 해시 주소, 해시 코드, 해시 값, 또는 해시라고도 한다. 여기에서는 해시 주소라고 하자. 찾고자 하는 정보인 전화번호가 레코드이며, 레코드가 저장된 공간을 해시 테이블이라고 부른다. 해시 테이블의 각 요소는 버킷이라고 한다.

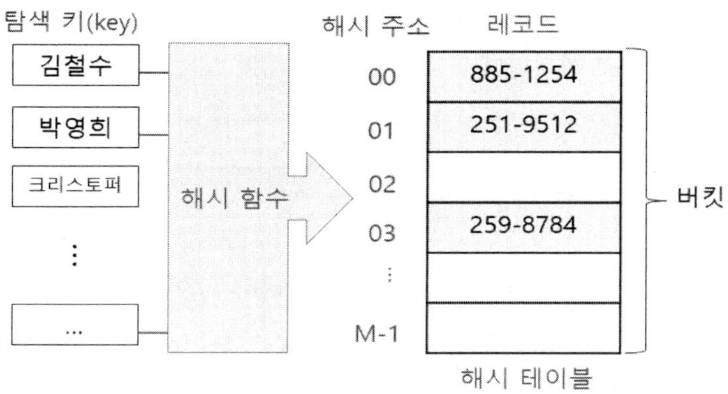

그림 6-5 해싱의 용어

해시 함수는 탐색 키와 매핑되는 해시 주소를 생성하는 계산식이며 해싱의 효율에 가장 큰 영향을 미치므로 해시 함수를 잘 정의하는 것이 중요하다.

이와 같이 해싱은 탐색 키를 해시 함수를 사용하여 해시 주소로 바꾸어서 해당 위치의 버킷에 한 번에 접근하여 레코드를 알아내는 알고리즘이며, 이론적으로 $O(1)$의 시간 복잡도를 가진다. 그러나 서로 다른 탐색 키가 같은 주소로 계산되는 충돌이 발생할 수 있어 실제 시간 복잡도는 $O(1)$보다는 크다. 그리고 레코드가 증가하면서 버킷의 수가 부족하면 해시 테이블의 크기를 늘려주어야 하는 공간 효율성이 떨어지는 단점도 있다. 컴퓨터 자원의 발전으로 (예를 들면 클라우드) 해싱의 $O(1)$에 가까운 빠른 색인 및 탐색 기능과 해시 함수를 이용하여 탐색 키와 레코드가 직접적인 연관성이 나타나지 않는 보안 기능 등에 의해서 해시 알고리즘은 다양한 분야에 활용된다.

6.4 해싱의 구현

자료를 해시 테이블로 저장하기 위해서 해시 함수를 정의해야 한다. 해시 함수는 탐색 키의 길이에 상관없이 항상 같은 길이의 해시 주소를 출력해야 하며 계산 시간이 빨라야 한다. 또한 레코드가 해시 테이블에 골고루 분포되도록 해시 주소를 생성하는 것이 좋은 해시 함수이다.

해시 함수는 다양하지만, 그중에서 탐색 키를 어떤 수로 나눈 나머지를 해시 주소로 사용하는 나누기 방법(division method)의 예를 통해서 해시 테이블을 구성하고 레코드의 탐색과 삭제 등의 기능을 수행하는 과정을 알아보고자 한다.

해시 테이블을 리스트로 구현한다고 가정하여 리스트의 인덱스를 해시 주소로 사용하여 구현해 보자. 저장할 키와 레코드는 다음과 같다. 예를 들어 10을 탐색 키로 입력하면 그와 매핑된 레코드 'candy'를 탐색 결과로 리턴한다.

탐색 키(k)	10	2	36	61	47	108	9
레코드	'candy'	'sweet'	'alpha'	'me'	'fly'	'A'	'x-mas'

해시 함수 h는 $h(k) = k \% M$로 정의하고 k는 탐색 키이며 M은 해시 테이블 버킷의 개수이다. 나머지 연산을 사용하는 해시 함수에서 버킷의 개수 M은 소수(prime number)를 선택하여야 0에서 $M-1$까지 해시 주소가 골고루 생성될 것이다.

해시 테이블을 구현하기 위해서 먼저 버킷 수만큼의 크기로 리스트를 생성하고 탐색 키를 해시 함수에 입력하여 해시 주소를 계산한다. 그림 6-6에서 볼 수 있듯이 첫 번째 탐색 키 10의 해시 주소는 10(10%13)이므로 인덱스 10의 위치에 레코드 'candy'를 저장한다. 두 번째 탐색 키 2의 해시 주소는 2이므로 인덱스 2의 위치에 레코드 'sweet'를 저장하여 해시 테이블을 생성해 나간다. 세 번째 탐색 키 36의 해시 주소는 10이다. 이 때 해시 테이블의 인덱스 10의 버킷에는 이미 레코드가 저장되어 있으므로 충돌이 발생한다. 충돌 발생 시에 새로운 레코드를 해시 테이블의 어느 위치에 저장할 것인지를 결정하는 방법 중에 선형 조사법(linear probing)이 있다.

선형 조사는 충돌이 발생하였을 때 다음 버킷으로 이동해 가면서 처음 만나는 빈 버킷에 레코드를 저장하는 방법이다. 탐색 키 36의 레코드 'alpha'는 바로 다음의 버킷인 해시 주소 11이 비었으므로 이 위치에 저장한다.

탐색 키(k)	75	2	36	61	47	108	9
레코드	'candy'	'sweet'	'alpha'	'me'	'fly'	'A'	'x-mas'

그림 6-6 선형 조사법에 의한 해시 테이블 구현 과정 예

그림 6-7에서 탐색 키 9의 경우에도 충돌이 발생하게 된다. 선형 조사법으로 다음 버킷으로 이동하면서 빈 버킷을 찾아서 인덱스 12에 레코드가 저장되어 해시 테이블이 구성된다.

충돌 시에 선형 조사 과정에서 마지막 버킷을 만났을 때까지 빈자리를 찾지 못하면 맨 처음 버킷으로 이동하여 빈자리를 찾는 작업을 계속한다. 따라서 버킷을 이동해 가기 위한 인덱스 계산식은 $(h(k)+i)\%M(i=0, 1, 2, \dots M-1)$로 정의할 수 있다.

선형 조사를 진행하여 충돌이 일어난 위치로 돌아오면 더 이상 빈 버킷이 없는 상태이므로 레코드를 삽입할 수 없다. 이 경우에는 해시 테이블의 크기를 확장하는 재해시(rehash)가 필요하다.

주어진 탐색 키와 레코드를 모두 해시 테이블에 삽입한 결과는 그림 6-7에 나타나 있다. 선형 조사법을 이용한 해시 테이블의 구현은 간단하면서도 빠른 처리가 가능하다는 이점이 있으나 충돌이 발생한 위치에 레코드가 밀집되어 있음을 볼 수 있다.

탐색 키(k)	75	2	36	61	47	108	9
레코드	'candy'	'sweet'	'alpha'	'me'	'fly'	'A'	'x-mas'

그림 6-7 선형 조사법에 따른 해시 테이블 구현 예

이것을 군집화(clustering) 현상이라고 하며 해싱의 효율성을 저하하는 요인이 된다. 이를 완화하는 방법으로 이차 조사법(quadratic probing)을 사용할 수 있다. 이 방법은 충돌 시 빈 버킷을 찾는 과정을 $(h(k)+i^*i)\,\%\,M(i=0, 1, 2, \dots M-1)$의 수식을 사용한다. 즉 다음의 빈 버킷을 찾기 위해서 이동하는 위치를 i^2 만큼 이동시켜 레코드의 밀집도를 감소시킬 수 있다.

선형 조사법과 마찬가지로 이차 조사법에 의해서도 충돌이 발생한 위치에서 또 다른 탐색 키가 같은 이동 순서로 빈 위치를 찾아가기 때문에 군집화 현상은 여전히 발생할 것이다. 이중 해싱법(double hashing)은 충돌이 발행했을 때 원래 해시 함수와는 다른 해시 함수를 사용하여 해시 주소를 다시 계산하는 방법으로 군집화를 완화하는 방법 중의 하나이다.

이제 해싱 클래스를 정의해 보고 이를 파이썬으로 구현하는 과정을 알아본다.

선형 조사법은 오픈 주소(Open Address) 방식에 속하는 충돌 해결 방법이다. 이에 클래스의 이름을 Hash_OpenAddress로 가정해 보자.

해시 함수의 입력은 탐색 키이며 출력으로 나머지 연산으로 계산한 값을 리턴한다.

해시 테이블에 새로운 레코드를 삽입하는 함수 put, 해시 테이블에서 탐색 키에 매핑된 레코드를 탐색하는 함수 get, 탐색 키와 그 레코드를 삭제하는 함수 delete를 멤버로 구현한다. 각 함수의 구현 과정을 살펴본다.

```
class Hash_OpenAddress:
    def __init__(self, size):                    # 생성자
        self.M = size
        self.key=[None] * size                   # 해시 코드
        self.record=[None] * size                # key 대응 자료
    def hash(self, key):
        return key % self.M                      # 해시 함수

    def put(self, key, record):                  # 삽입
      ①
    def get(self, key):                          # 탐색
      ②
    def delete(self, key):                       # 삭제
      ③
```

① 삽입 함수는 탐색 키(key)와 그에 매핑되는 레코드(record)를 매개 변수로 받아서 해시 테이블로 구현되는 리스트에 삽입한다. 이때 해시 함수로 계산된 해시 주소는 리스트의 인덱스로 가정한다. 충돌 해결은 선형 조사법으로 구현한다.

```
def put(self, key, record):                      # 탐색 키와 레코드를 테이블에 삽입
    initial_position = self.hash(key)            # 해시 주소 계산
    i = initial_position                         # 최초 해시 주소
    j = 0                                        # 선형 조사로 이동할 다음 주소
    while True:
        if self.key[i] == None or ₩
                    self.key[i] == '$':          # 비어있거나 사용되었다가 비워진 상태
            self.key[i] = key                    # 탐색 키 저장
            self.record[i] = record              # 레코드 저장
            return
        if self.key[i] == key:                   # 탐색 키가 있다면
            self.record[i] = data
            return
        j += 1                                   # 선형 조사를 위한 다음 위치
        i = (initial_position + j) % self.M      # 조사할 위치
        if i == initial_position:                # 최초 위치로 돌아간다면 실패
            break
```

② 탐색 함수는 탐색 키(key)를 매개 변수로 받아서 해시 테이블에서 탐색하여 그와 매핑된 레코드를 리턴한다. 선형 조사법으로 탐색을 진행하며 최초 해시 주소로 돌아가거나, 키가 없는 버킷을 만나면 탐색이 실패한 것이다.

```
def get(self, key):                          # 탐색
      initial_position = self.hash(key) # 해시 주소 계산
      i = initial_position                   # 최초 해시 주소
      j = 1
      while self.key[i] != None:             # 해시 주소의 키가 비어있지 않다면 반복
         if self.key[i] == key:              # 해시 주소의 탐색 키가 일치한다면
            return (i, self.record[i])              # 위치와 레코드를 리턴(성공)
         i=(initial_position + j) % self.M          # 다음 위치 계산
         j+=1
         if i == initial_position:                  # 최초 위치로 돌아간다면
            return None                             # 실패
      return None                                   # 실패
```

③ 삭제 함수는 탐색 키(key)를 매개 변수로 받아서 해시 테이블에서 해당 키의 레코드를 삭제한다. 이 때 이미 사용되었다가 빈 상태로 삭제되었음을 표시해야 한다. 이는 탐색 시에 잘못된 결과를 리턴하는 것을 방지하기 위해서이다.

그림 6-8 (a)의 경우는 탐색 키 75가 이미 삭제되어서 해시 주소 10은 빈 버킷의 상태이다. 탐색 키 9를 입력하였을 때, 해시 주소의 키는 61로 일치하지 않으므로 선형 조사법에 의해서 다음 위치로 이동하게 되고, 빈 버킷이므로 탐색 실패가 된다. 그러나 해시 주소 12에 탐색 키 9가 존재하므로 잘못된 결과를 리턴한 것이다. 그림 6-8 (b)와 같이 삭제 시에 이미 사용되었다가 비워졌음을 표시하여 빈 버킷이 아닌 상태로 유지한다면 선형 조사를 계속할 수 있도록 구현한다.

그림 6-8 삭제 시 사용 여부 표시의 예

```
def delete(self, key):                          # 삭제
        initial_position = self.hash(key)
        i = initial_position
        j = 1
        while self.key[i] != None:
            if self.key[i] == key:              # 삭제할 탐색 키를 만나면
                self.key[i] = '&'               # 이미 사용되었다가 비워졌음을 표시
                self.record[i] = None           # 레코드 삭제
            i = (initial_position + j) % self.M # 다음 위치 계산
            j += 1
            if i == initial_position:           # 최초 위치로 돌아간다면
                return None                     # 실패
        return None                             # 실패
```

해시 클래스의 객체를 생성하여 해시 테이블에 삽입, 탐색, 삭제 연산을 수행하는 테스트 코드를 작성하고 실행 결과를 살펴본다.

추가로 해시 테이블의 상태를 출력하는 함수를 작성하여 결과 확인을 용이하게 한다.

key와 record의 리스트로 탐색 키와 레코드의 쌍을 순서대로 생성한다. 해시 테이블의 크기를 정하고(여기에서는 11) Hash_OpenAddress 클래스의 객체 hashing을 생성한다.

탐색 키의 개수만큼 반복하면서 삽입 함수 put을 호출하여 해시 테이블을 구현한다.

그 결과를 출력하여 확인해 본다.

```
def print_table(h):
        print("{0:>5}: {1:>5}:{2:>5}".format('해시 주소', '탐색 키','레코드'))
        for i in range(h.M):
            print("{0:>6}  :  {1:>5} :   {2:>5}".\
                  format(i, str(h.key[i]),str(h.record[i])))

key=[10,13,14,2,61,47]
record =['atom','city','candy','super','lotte','start']
M = 11
hashing=Hash_OpenAddress(M)
n = len(key)
for i in range(n):
    hashing.put(key[i],record[i])

print_table(hashing)

- 결과 -
해시 주소 :  탐색 키: 레코드
     0  :  None  :  None
     1  :  None  :  None
     2  :  13    :  city
     3  :  14    :  candy
     4  :  2     :  super
     5  :  47    :  start
     6  :  61    :  lotte
     7  :  None  :  None
     8  :  None  :  None
     9  :  None  :  None
    10  :  10    :  atom
```

해시 테이블이 구현되었으므로 탐색 키를 입력하여 해당되는 레코드가 출력되는지 확인한다. 이 예에서는 탐색 키 13을 입력하여 해시 주소 2에 저장된 'city'가 출력되었다.

```
key = int(input('탐색 키는? '))
print(hashing.get(key))

- 결과 -
탐색 키는? 13
탐색 키는? 13
(2, 'city')
```

삭제 함수의 경우도 확인해 보자. 삭제할 탐색 키를 키보드로부터 입력하여 hashing 객체의 delete함수를 호출하여 해당 키의 레코드를 해시 테이블에서 삭제하고 그 결과를 출력해 본다.

```
key = int(input('삭제할 키는? '))
print(hashing.delete(key))
print_table(hashing)

- 결과 -
삭제할 키는? 14
삭제할 키는? 14
None
해시 주소:  탐색 키:     레코드
    0   :   None :     None
    1   :   None :     None
    2   :     13 :     city
    3   :      & :     None
    4   :      2 :     super
    5   :     47 :     start
    6   :     61 :     lotte
    7   :   None :     None
    8   :   None :     None
    9   :   None :     None
   10   :     10 :     atom
```

1. 이진 탐색의 입력으로 [-1, 2, 3, 5, 8, 9, 10, 13, 15]이 주어질 때, 값 9를 찾는 과정에서의 low, mid, high의 값의 변화 과정을 쓰시오.

low	mid	high
0		8

2. 정렬된 리스트를 이진 탐색하는 함수이다. 빈 칸을 채우시오.

```
def binSearch(arr, key) :
   pos = -1  #실패한 경우
   start = 0  #탐색 범위의 첫 번째 인덱스
   end = len(arr) -1  #탐색 범위의 마지막 인덱스
   while (start <= end) :
      mid = ①____________
      if key == arr[mid] :
        ②________________
      elif key > arr[mid] :
         start = mid + 1
      else :
        ③________________
    return pos
```

3. 다음 중 해싱에 대한 설명으로 잘못된 것을 모두 고르시오.

① 해싱은 자료의 저장과 탐색 시간을 줄이기 위해서 공간을 활용하는 개념이다.
② 짧은 키를 사용하여 레코드를 검색하면 원래의 키를 사용하는 것보다 더 빠르다.
③ 해싱의 성능은 해시 함수의 인덱스 분산 기능에 비례한다.
④ 해시 함수의 결과값을 알려주고 입력값을 찾을 수 있는 함수를 정의할 수 있다.
⑤ 충돌은 같은 키를 가지는 여러 개의 레코드가 같은 해시 주소를 나타낼 때 발생한다.
⑥ 충돌은 서로 다른 키를 가진 2개의 레코드가 같은 해시 주소를 가질 때 발생한다.
⑦ 재해시(rehash)는 해싱의 시간 복잡도에 영향을 미치지 않는다.
⑧ 해싱은 자료의 정렬과 탐색에 사용되는 유용한 알고리즘이다.
⑨ 충돌을 줄이는 것이 해시 테이블의 성능에 가장 큰 영향을 미치며 이를 개선하는 방법이 선형조사법이다.

4. 문자열을 해싱하기 위해서 각 문자의 아스키 코드값의 합으로 변경하여 탐색 키 k로 사용한다. 이때 해시 함수 $h(k)$를 $k\%13$으로 정의한다. 문자열 "CAD"의 해시 주소를 계산하시오. 문자 A의 아스키 코드값은 65이며 알파벳 순으로 1씩 증가한다.

5. 버킷의 개수가 7인 해시 테이블에서 다음의 해시 함수를 사용하여, [10, 17, 3, 7, 21]의 순서로 해시 테이블을 구성한 결과를 나타내시오. 충돌이 발생하였을 때 이차 조사법을 사용한다.

해시 함수 : $h(k) = k\%11$

이차 조사법: $(h(k) + i*i)\%M \ (i = 0, 1, 2, \ldots M-1)$

해시주소	0	1	2	3	4	5	6
키				10			

Chapter 7

연결 리스트 : 연결하여 순서 정하기

7.1 연결 리스트의 구조

연결 리스트(linked list)는 연속적으로 배치되어 있지 않은 자료들을 연결(link)하여 리스트를 구현하는 것이다. 즉, 메모리의 물리적인 위치와 상관없이 순서가 지정될 수 있는 자료구조이다. 연결 리스트를 이해하기 위해서 '연결'의 의미를 파악하는 것이 중요하다.

배열은 각 항목을 물리적으로 연속된 순서로 구현하기 때문에 삽입이나 삭제 시에 공간적인 순서를 유지하기 위해서 자료의 이동이 필요하다. 이러한 단점을 보완하기 위한 자료구조가 연결 리스트라고 할 수 있다.

그림 7-1에서 보이는 것처럼 서로 다른 지역에 위치한 사람들의 구성에서 두 가지의 연결 리스트를 예로 나타낸다. 각각의 사람들이 자신과 연결되는 다음 사람의 이름을 알고 있다면, 시작되는 사람부터 마지막에 연결되는 사람까지의 이름을 리스트로 나타낼 수 있다. 연결되는 사람의 이름을 바꾸어 주면 서로 다른 순서의 연결 리스트를 만들어 낼 수 있다. 따라서 자신의 다음 사람의 이름을 연결 대상으로 사용하여 물리적인 위치를 변경하지 않고도 서로 다른 연결 리스트를 조합할 수 있을 것이다.

여기에서 자신의 이름과 함께 다음 사람의 이름을 가지고 있어야 연결 구조를 생성할 수 있다. 그래서 연결 리스트는 자신의 정보와 연결되는 자료를 나타내는 정보를 함께 가지는 구조를 하나의 단위로 하며 이것을 '노드'라고 한다.

어떤 노드에서 다음에 연결되는 노드를 표시하기 위해서 메모리 주소(memory address)로 나타낸다. 그림 7-2에서 두 사람의 연결 리스트를 구현하는 예를 살펴보자. 각각 자신의 이름을 저장하고 다음 사람의 이름을 주소로 저장하여 논리적인 연결 고리를 생성한다.

메모리는 정보를 저장하는 공간마다 위치를 알 수 있도록 번호가 할당되어 있다. 이것을 주소라고 하며 실생활에서 주소가 어떤 위치를 나타내는 유일한 정보로 사용되는 것과 같은 개념이다, 일반적으로 이진 형태의 숫자로 되어 있으며, 편의상 16진수로 표현한다.

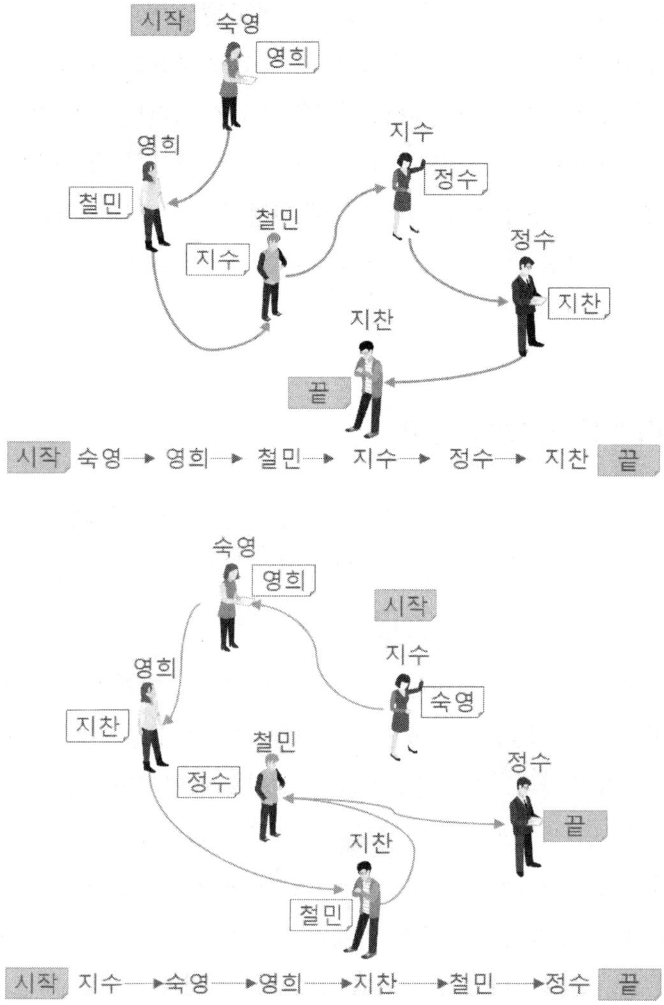

그림 7-1 연결 리스트의 개념

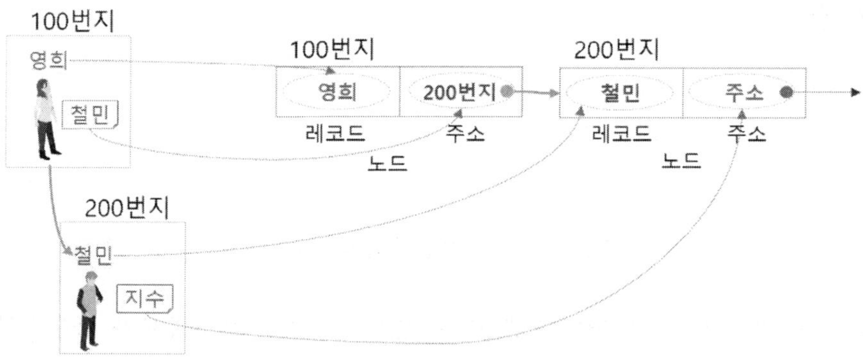

그림 7-2 노드의 구성 예

연결 리스트의 노드에서 다음 노드를 연결하는 것이 바로 주소이다. 그림 7-2에서 두 개의 노드를 연결 리스트로 구현하는 순서를 생각해 보면, 먼저 첫 번째 노드는 레코드와 다음 연결 주소를 저장해야 한다. 이때, 두 번째 노드가 아직 생성되어 있지 않다면 첫 번째 노드에서 기록할 주소를 알 수 없게 된다. 따라서 두 노드를 연결하려면 두 번째 노드를 메모리에 만든 후에 그 주소를 첫 번째 노드의 주소로 저장하게 된다. 메모리에 생성되는 노드의 위치는 프로그램 실행 시에 정해지므로 연결 리스트 구현 시에는 노드 생성과 연결 주소할당의 순서 및 서로 연관되는 노드들을 고려하는 것이 필요하다.

7.2 연결 리스트 스택의 구현

연결 리스트의 기본 구조는 노드를 하나의 단위로 하며 메모리에 생성된 위치를 주소로 식별하여 논리적인 연결 관계를 구현하는 것이다. 즉 배열에서 각 항목을 구분하기 위해서 사용하는 인덱스가 없이 연결 주소를 따라가면서 순서와 위치를 파악한다.

그림 7-3과 같이 두 개의 노드를 연결하는 과정을 알아보자. 첫 번째 노드는 메모리의 임의의 공간에 생성될 것이며, 레코드와 다음 노드 연결 노드의 주소로 구성된다. 이때 노드의 각 정보를 저장하는 변수를 필드라고 한다. 첫 번째 노드의 주소 필드에 연결할 다음 노드의 주소를 할당한다. 두 번째 노드가 없다면 첫 번째 노드의 주소 필드는 None(Null)이 될 것이고 이미 두 번째 노드를 생성하였다면 그 노드의 레코드 필드가 저장된 메모리의 주소가 할당된다. 그림 7-3의 왼쪽처럼 실제 메모리에서 첫 번째 노드와 두 번째 노드는 물리적으로 연속된 공간에 저장되어 있지 않지만, 주소 필드의 값을 통해서 연결되고 있다는 논리적 연결 리스트를 구현한다.

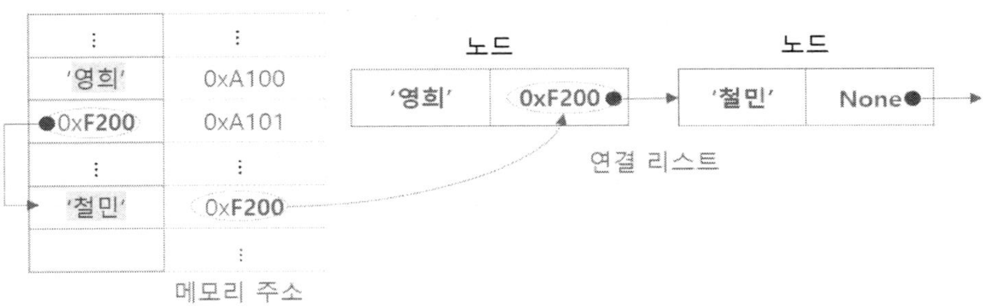

그림 7-3 노드 연결의 논리적 구조

연결 리스트를 구현하기 위해서 노드를 생성할 수 있는 클래스를 정의해 보자. 클래스의 이름은 Node이며, 노드의 record 필드와 주소를 저장할 link 필드에 저장할 값들을 생성자에 전달하여 메모리에 할당한다. 만약 다음 노드의 주소가 전달되지 않으면 link를 None으로 저장한다.

```
class Node:                              # 노드 클래스
    def __init__(self, data, link=None): # 생성자. 디폴트 인수 사용
        self.record = data               # 레코드 필드
        self.link = link                 # 링크 필드
```

두 개의 노드를 연결 리스트로 생성하는 예를 살펴보자.

node2 객체로 두 번째 노드를 생성하여 메모리에 할당한다. node2의 주소를 첫 번째 노드의 link 필드로 전달해 주기 위해서 먼저 생성하는 것이다. 그리고 첫 번째 노드인 node1 객체를 만들면서, Node('영희', node2)와 같이 매개변수를 전달한다. 이때 전달되는 node2의 값은 node2의 record 필드가 저장된 메모리의 주소이므로 node1.link에 저장하여 두 노드가 연결된다.

연결 리스트는 처음 시작되는 노드를 알고 있으면 그 다음으로 연결된 모든 노드들을 찾아갈 수 있으므로, 첫 번째 노드를 head라는 변수에 저장한다.

실행 결과를 확인하면 각 변수와 필드가 가진 값들이 출력됨을 볼 수 있다. link 필드에 저장된 주소를 직접 출력하려면 print(node1.link)와 같이 작성해 본다. 메모리에 할당되는 주소는 실행 시에 달라지며, 16진수 형태로 출력된다.

```
#노드 생성과 연결
node2 = Node('철민')
node1 = Node('영희', node2)
head = node1
print(head.record, '=>', head.link.record, '=>',head.link.link)
print(node1.record, '=>', node2.record, '=>',node2.link)

- 결과 -
영희 => 철민 => None
영희 => 철민 => None
```

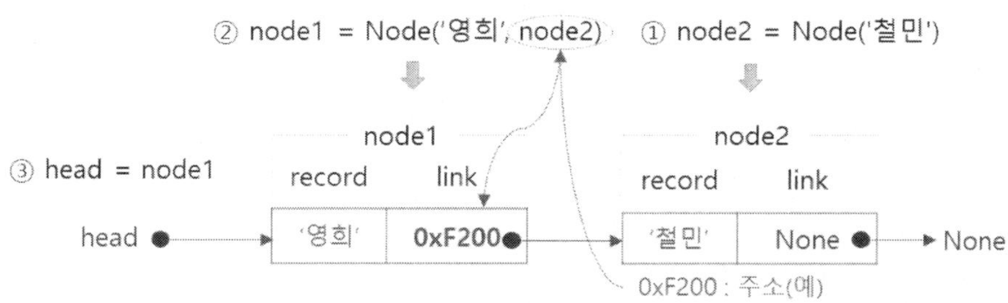

Chapter1 Chapter2 Chapter3 Chapter4 Chapter5 Chapter6 Chapter7 Chapter8 Chapter9 Chapter10

이와 같이 한 방향으로 연결된 선형의 리스트를 단순 연결 리스트라고 한다. 이러한 구조로 스택을 구현해 본다. 스택은 한쪽에서만 입력과 출력이 이루어지며, 가장 나중에 입력된 자료가 가장 먼저 나와야 한다.

연결 리스트로 스택을 구현할 때 입출력이 일어나는 입구를 정의해야 하는데, 연결 리스트의 특성 상 마지막에 노드를 삽입하면 스택에서 값을 꺼낼 때에, 첫 번째 노드에서 마지막 노드까지 따라가야 한다. 따라서 연결 리스트의 첫 번째 노드로 자료를 삽입, 삭제하는 방식으로 스택을 구현하는 것이 효율적이다.

연결 리스트의 노드는 클래스 Node를 이용하여 생성하며, 스택 클래스는 LinkedStack이라고 하자. 스택 기능 구현에 필요한 push, pop 및 isEmpty, clear 멤버 함수를 정의한다.

```
class LinkedStack:
    def __init__(self):                     # 생성자
        self.head = None                    # head 초기화
    def push(self, data):                   # 삽입
        n = Node(data, self.head)           # 새로운 노드 생성
        self.head = n                       # head에 새로운 노드 연결
    def pop(self):                          # 삭제
        if not self.isEmpty():              # 공백이 아니면
            n = self.head                   # head의 주소를 n에 저장한 후
            self.head = n.link              # head를 다음 노드의 주소로 바꾸고
            return n.record                 # n이 가리키고 있는 노드의 값을 리턴
    def isEmpty(self):
        return self.head == None            # 공백상태 검사
    def clear(self):
        self.head = None                    # 스택 초기화
```

그림 7-4와 같이 새로운 노드를 삽입 과정을 보면 노드 n을 생성하면서 head가 가리키고 있는 주소를 link로 할당한 후, head가 노드 n을 가리키도록 변경한다. 연결 리스트의 첫 번째 노드로 새로운 노드가 삽입되는 것이다.

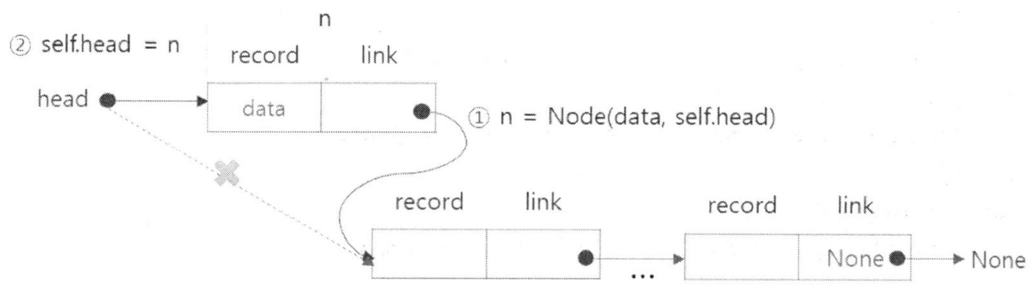

그림 7-4 단순 연결 리스트로 구현한 스택의 노드 삽입(push)

가장 마지막에 삽입된 값을 삭제하는 pop 함수를 구현하는 과정을 살펴보자. 먼저 head가 가리키는 주소를 임시 변수 n에 저장한다. n의 link 필드가 두 번째 항목이므로 head의 값을 n.link로 바꾸고 n.record를 리턴한다.

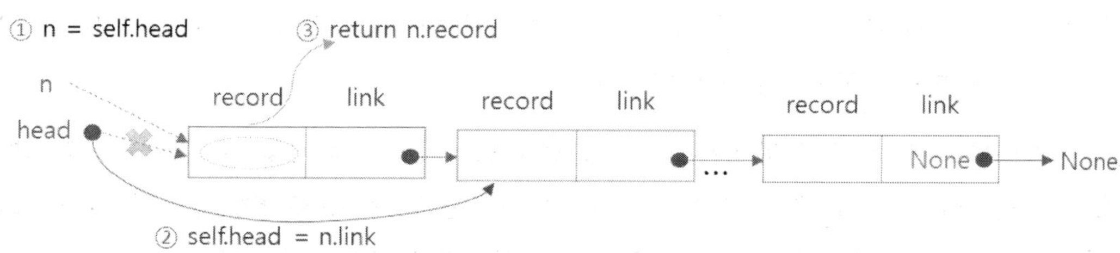

그림 7-5 단순 연결 리스트로 구현한 스택의 노드 삭제(pop)

테스트 프로그램을 작성하고 실행 결과를 확인한다. 0부터 9까지의 수 중에서 홀수와 짝수를 각각 다른 스택에 삽입하고 삭제하는 예이다. 짝수로 이루어진 스택에서 두 번의 pop을 실행하고 홀수로 이루어진 스택에서 세 번의 pop을 실행한 결과이다.

```
odd = LinkedStack()              # 홀수 저장을 위한 스택
even = LinkedStack()             # 짝수 저장을 위한 스택
for i in range(10):              # i = 0, 1, 2, 3, ..., 9
    if i%2 == 0:
        even.push(i)             # 짝수는 even에 push
    else:
        odd.push(i)              # 홀수는 odd에 push
for _ in range(2):
    print(even.pop(), end = ' ') # even 스택에서 두 번 pop()
print()
for _ in range(3):
    print(odd.pop(), end = ' ')  # odd 스택에서 세번 pop()

- 결과 -
8 6
9 7 5
```

7.3 원형 연결 리스트 큐의 구현

큐는 선입선출의 자료구조로 공간 활용의 효율성을 높이기 위해서 원형으로 구현한다. 자료가 들어오는 위치를 rear라고 하고, 자료가 빠져나가는 위치를 front로 지칭하여 두 개의 변수를 관리하는 것이 배열로 구현한 원형 큐의 원리이다.

연결 리스트에서 마지막 노드의 link 필드에 첫 번째 노드의 주소를 저장하여 링크를 따라가면 원형으로 연결되는 구조를 원형 연결 리스트라고 한다. 연결 리스트로 원형 큐를 구현하면 tail (변수의 이름은 가변적이다.)이라는 하나의 변수로 삽입과 삭제 위치를 알 수 있다.

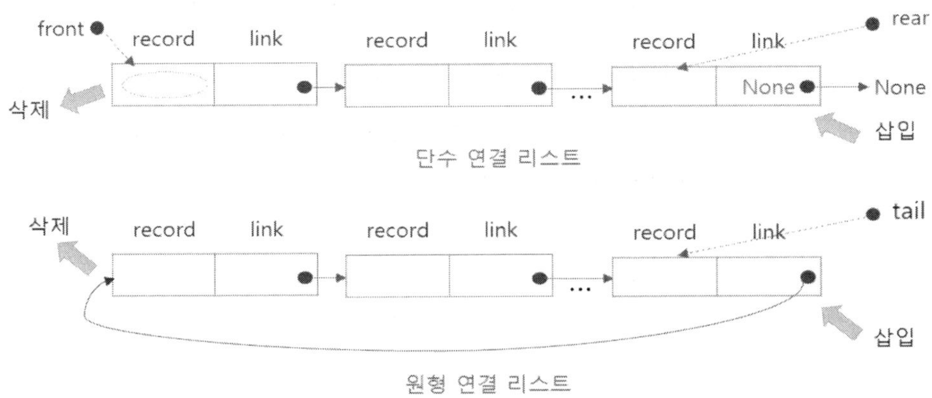

그림 7-6 단순 연결 리스트와 원형 연결 리스트의 큐

원형 큐 클래스를 CircularLinkedQueue라고 하고 큐의 삽입, 삭제 함수를 정의한다. 여기에서 변수 tail을 이용하여 삽입과 삭제가 적용될 노드의 위치를 알 수 있다.

그림 7-7을 통해서 삽입 과정을 살펴보자. 새로운 노드를 만들고 큐가 공백이면 tail이 자신을 가리키게 하여 삽입한다. 공백이 아닌 경우에는 새로운 노드의 link를 첫 번째 노드와 연결하고, 현재 마지막 노드(tail)의 link가 새 노드를 가리키게 한 후 tail에 새 노드를 할당한다. 이 과정을 enqueue함수로 구현한다.

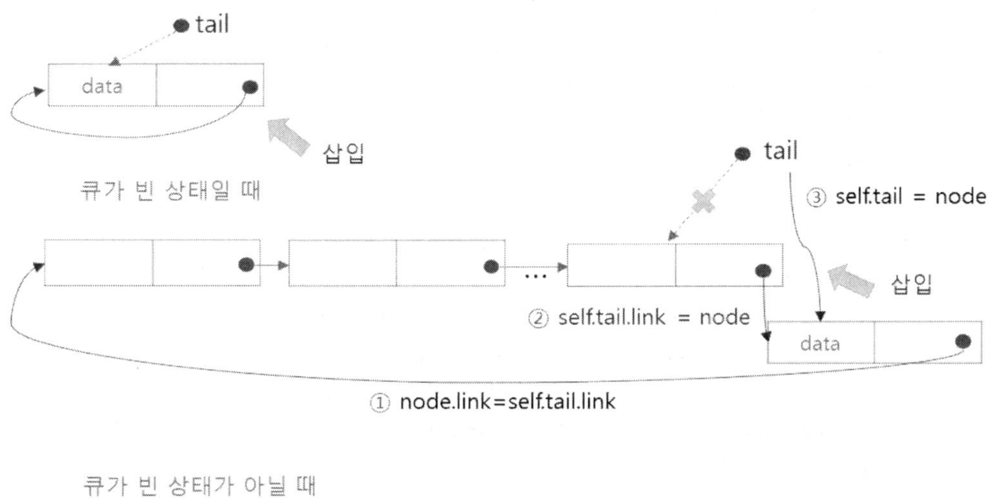

그림 7-7 원형 연결 리스트 큐의 삽입 과정

원형 연결 리스트로 구현하는 큐에서 노드의 삭제 역시 tail의 link를 파악하여 이루어진다. 먼저 tail이 가리키는 노드의 record가 삭제되어서 사용할 정보이므로 이를 data라는 임의의 변수에 저장해 둔다. 그리고 현재 노드가 한 개라면 삭제 후에는 큐가 빈 상태가 되므로 tail을 None으로 할당한다. 그렇지 않다면 현재 두 번째 노드로 tail의 link를 연결함으로써 첫 번째 노드는 큐에서 삭제된다. 그리고 data를 리턴하여 삭제가 완료된다.

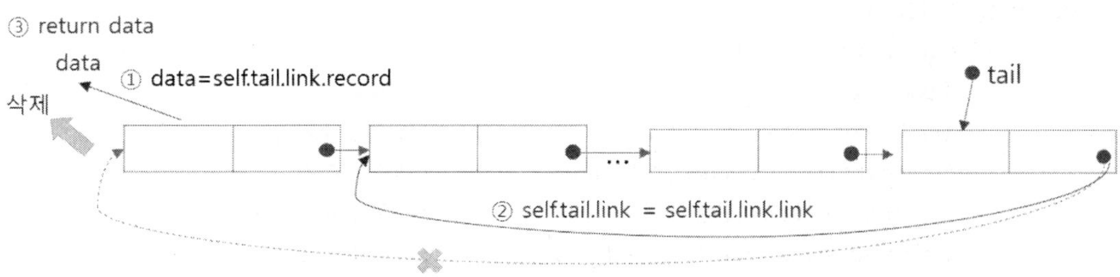

그림 7-8 원형 연결 리스트 큐의 삭제 과정

클래스 CircularLinkedQueue는 다음과 같이 정의할 수 있다.

```
class CircularLinkedQueue:
    def __init__(self):                      #생성자
        self.tail = None                     #tail을 통해서 삽입, 삭제
    def enqueue(self, data):                 #삽입
        node=Node(data, None)                #새로운 노드 생성
        if self.isEmpty():                   #큐가 공백상태
            node.link = node                 #노드가 하나인 원형 큐
            self.tail = node
        else:                                #큐가 공백이 아니면
            node.link=self.tail.link         #tail의 뒤에 삽입
            self.tail.link = node
            self.tail = node
    def dequeue(self):                       #삭제
        if not self.isEmpty():               #공백이 아니면
            data=self.tail.link.record       #첫 번째 레코드를 data에 저장
            if self.tail.link == self.tail:          #노드가 한 개일 때
                self.tail = None             #tail을 None으로 설정
            else:                            #노드가 두 개 이상일 때
                self.tail.link = self.tail.link.link  #현재 두번째 노드로 tail을 연결
            return data
    def isEmpty(self):
        return self.tail == None             #공백상태 검사
    def clear(self):
        self.tail = None                     #큐 초기화
```

원형 연결 리스트 큐의 동작을 테스트하는 코드를 작성한다. 여기에서 노드들의 레코드를 모두 출력해 보면서 삽입, 삭제 시 메모리의 상태를 볼 수 있는 함수 printAll()을 작성한다. 그리고 원형 연결 리스트 객체 cq를 생성하고 큐의 삽입과 삭제를 실행한 결과를 살펴보자.

```
def printAll(cq):
    if not cq.isEmpty():
        node = cq.tail.link                          #첫번째 노드
        while not node == cq.tail:                   #노드가 마지막이 아니라면
            print(node.record," ", end='')           #레코드 출력
            node = node.link                         #다음 노드로 이동
        print(node.record," ", end='')               #마지막 노드의 레코드 출력
    print()
```

```
cq=CircularLinkedQueue()          #연결된 큐 만들기
for i in range(8):       #0-7 삽입
    cq.enqueue(i)
printAll(cq)
for i in range(5):       #5회 삭제
    cq.dequeue();
printAll(cq)
for i in range(8,20):    #8-19 삽입
    cq.enqueue(i)
printAll(cq)

결과 -
0  1  2  3  4  5  6  7
5  6  7
5  6  7  8  9  10  11  12  13  14  15  16  17  18  19
```

배열과 연결 리스트의 구현 방법의 차이에 의해서, 인덱스를 이용하여 자료에 바로 접근하는 일이 빈번하다면 배열 구조가 더 효율적일 것이다. 하지만 리스트의 중간에 자료를 삽입하거나 삭제하는 일을 자주 하게 된다면 연결 리스트가 더 효율적이다. 연결 리스트에서 새로운 노드를 삽입하기 위해서는 주소 2개만 변경하면 되므로 항상 상수 시간인 $O(1)$에서 이루어진다. 그러나 탐색에서는 링크를 계속 따라가야 하므로 $O(n)$만큼 시간이 소요된다. 또한 배열은 크기만큼의 연속된 메모리 공간이 필요하지만, 연결 리스트는 크기를 정하지 않고 메모리가 허용하는 한 확장하여 사용할 수 있다. 이와 같이 연결 리스트와 배열은 장단점을 보완하는 자료구조로써 응용에 따라 효율성을 높일 수 있도록 활용한다.

Exercise

1. 다음 중 배열과 연결 리스트의 설명으로 잘못된 것을 모두 고르시오.

① 배열은 바로 사용하지 않는 공간까지 예약해 두고 있으므로 공간 낭비가 있을 수 있다.
② 배열은 전체 크기만큼의 연속된 공간을 필요로 하지만 메모리에서 항상 확보할 수 있다.
③ 연결 리스트는 연결 구조에 의해서 원하는 항목에 바로 접근이 가능하다.
④ 연결 리스트는 동적 메모리 사용이 가능하며 자료의 재구성이 용이하다.
⑤ 연결 리스트는 자료를 검색할 때 배열 구조에 비해서 시간이 더 걸릴 수 있다.

2. 키보드로부터 양의 정수를 하나씩 계속 입력받다가 -1이 입력되면 그 이전까지 입력된 정수를 모두 출력한 후 그들의 합을 출력하고자 한다. 이때 배열과 연결 리스트를 사용하는 경우의 장단점을 간략히 설명하시오.

3. 다음은 메모리에 저장된 값을 연결 리스트로 구현하는 예이다. ①~④의 빈 칸을 채우시오

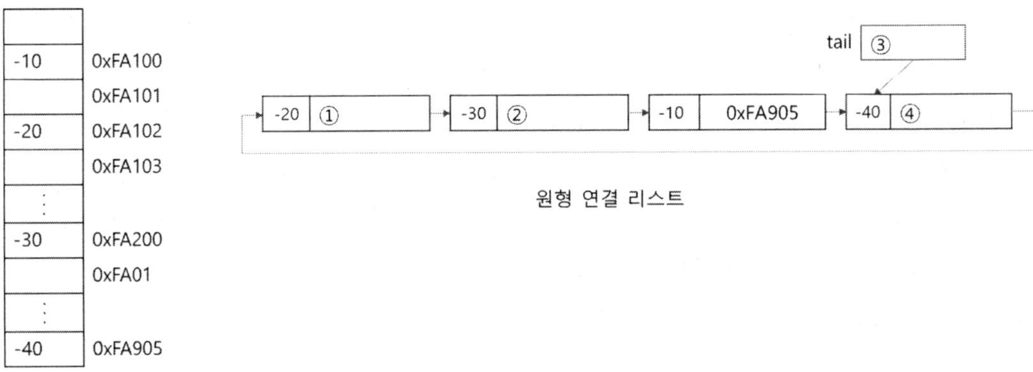

4. 연결 리스트로 구현된 스택에서 pop 함수를 호출하지 않고, 스택에 남아 있는 항목의 개수를 출력하는 함수를 작성하시오. 여기에서는 7.2절의 클래스 LinkedStack의 멤버 함수 (size())로 정의한다.

5. 다음과 같은 연결 리스트에서 preNode 노드와 그 다음 노드 사이에 새로운 노드 newNode를 삽입하고자 한다. 빈 칸을 채우시오.

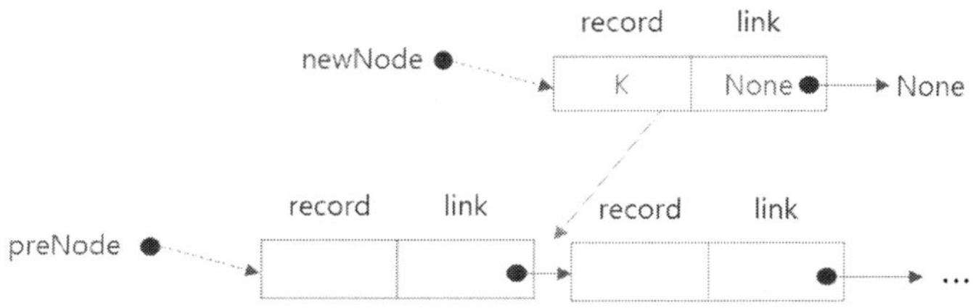


```
newNode= Node(K, None)
(___________________________)
preNode.link= newNode
```

Chapter 8

이진 트리:
하나의 부모와 두 개의 자식으로 구성하기

8.1 트리의 이해

트리는 계층적 의미가 있는 자료구조로써 상위 계층과 하위 계층이 연결되는 규칙과 상호 관계를 가지면서 확장되는 나무 모양의 구조를 말한다. 자료구조에서의 트리는 실제 나무와 달리 아래쪽을 잎으로 확장해가는 그림으로 표현한다.

실생활에서 가계도를 통해서 알 수 있는 정보를 생각해 보자. 조상이나 부모를 알면 그 자손들과 직계 자식의 관계 등을 알 수 있다. 즉 연관된 정보와 그 계층 구조까지 파악할 수 있으며 정보 처리의 범위 등도 한정 지을 수 있다. 이와 같은 계층 관계의 정보는 회사 조직도, 도-시군구-읍면동의 주소체계 또는 경기 대진표 등에 활용되며 컴퓨터의 디렉토리, 네트워크 구조 등에 빈번히 활용된다.

트리의 노드가 어떤 역할을 담당하는지를 의미하는 점을 유의하면서 그림 8-1에서 보이는 트리의 구조에 대해서 알아보자.

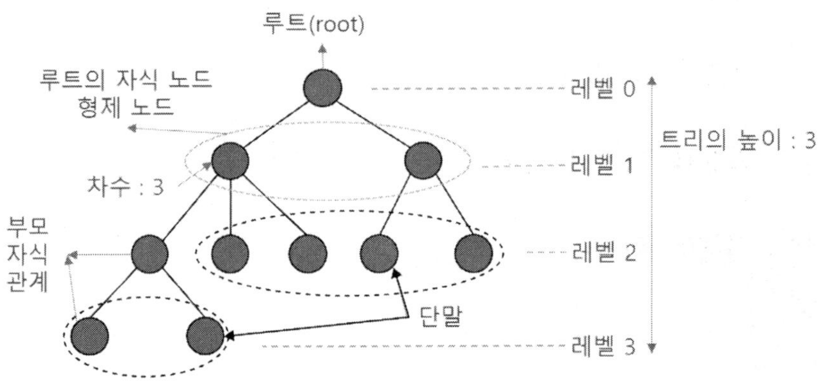

그림 8-1 트리의 용어

트리는 일반적으로 자식을 아래쪽을 내려가도록 그려가므로 상위를 부모, 하위를 자식이라고 하며, 계층 구조에 의해서 서로의 관계를 표현하는 용어들을 사용한다.

루트(root)	부모가 없는 노드
엣지(edge)	노드와 노드를 연결하는 선, 간선
부모(parent)	에지로 연결된 노드 중 상위 노드
자식(child)	에지로 연결된 노드 중 하위 노드
형제(sibling)	같은 부모를 가진 노드들

조상(ancestor)	자식에서 부모로 반복 진행하여 도달할 수 있는 모든 노드
자손(descendent)	부모에서 자식으로 반복 진행하여 도달할 수 있는 모든 노드
단말(terminal or leaf)	자식이 없는 노드
레벨(level)	어떤 노드에서 루트로 연결되는 경로를 이루는 엣지의 수
차수(degree)	어떤 노드의 자식의 수, 단말은 차수가 0, 주어진 트리의 차수는 노드의 최대 차수
높이(height)	어떤 노드에서 한 개의 단말까지 가장 긴 경로를 이루는 엣지의 수, 트리의 높이는 루트의 높이

트리는 계층 구조를 잘 나타내어서 효과적으로 정보를 다루기 위해서 몇 가지의 정해진 규칙이 있다.

먼저 루트 노드를 제외한 모든 노드는 부모 노드를 하나만 가진다. 루트 노드는 부모 노드가 없다. 그러므로 어떤 노드에서 다른 노드로 가는 경로는 유일하다. 즉, 부모에서 자식 또는 그 반대의 방향으로 진행하여 노드를 만나게 된다. 사이클이 존재할 수 없으며, 한 개의 엣지를 제거하면 트리가 두 개로 분리된다. 트리에서 노드의 수는 엣지의 수보다 한 개가 많다. 이러한 성질을 만족하는 자료구조가 일반적인 트리이며, 모든 노드가 2개 이하의 자식을 가지는 트리를 이진 트리라고 한다.

좀 더 제한적인 특성을 가지는 완전 이진 트리, 포화 이진 트리 및 편향 이진 트리 등이 있으며 이들의 포함 관계는 그림 8-2와 같다. 포화 이진 트리는 완전 이진 트리의 부분 집합이며, 편향 이진 트리는 완전 이진 트리와 공통되는 특성이 없다.

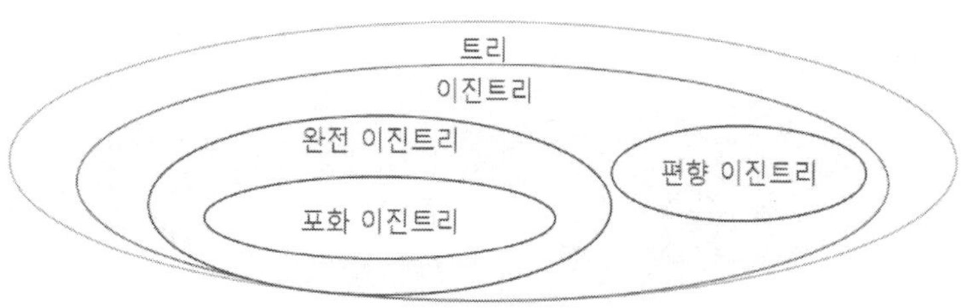

그림 8-2 이진 트리의 종류와 포함 관계

이진 트리는 가장 일반적으로 활용되는 트리이며 부모의 자식 노드가 2개 이하로 제한되어 구현에 용이하다. 또한 자식 노드에 순서를 지정하여 정렬에 활용한다.

8.2 이진 트리

부모 노드와 연결된 엣지를 끊었을 때 생성되는 트리를 서브 트리(sub tree)라고 하며 각 노드는 자식 노드의 개수만큼 서브 트리를 가지고 있다.

이진 트리는 모든 노드가 왼쪽 자식과 오른쪽 자식으로 구분되는 최대 2개의 자식을 갖는 트리로써 왼쪽 자식과 오른쪽 자식을 각각 루트로 하는 서브 트리도 모두 이진 트리의 조건을 만족한다. 이 성질은 이진 트리의 노드를 방문하여 정보를 얻게 될 때 매우 유용하게 활용된다. 즉 이진 트리의 왼쪽과 오른쪽 서브 트리의 모든 노드를 재귀적 방법으로 방문할 수 있다.

이진 트리는 구성 형태에 따라서 완전 이진 트리, 포화 이진 트리, 편향 이진 트리 등이 있다.

■ 포화 이진 트리(Full binary tree)

이진 트리의 단말 노드를 제외한 모든 노드가 2개의 자식 노드를 가지는 경우이다. 즉, 모든 노드가 포화된 상태의 이진 트리를 말한다.

높이가 h인 포화 이진 트리의 노드는 $2^{h+1}-1$개이며 루트 노드는 항상 1로 부여하고 왼쪽 자식 노드부터 번호를 붙이면, $2^{h+1}-1$까지 노드 번호를 붙일 수 있다. 포화 이진 트리에서 노드의 위치에 따른 번호는 항상 일정하다. 예를 들어 루트 노드의 번호는 1, 루트 노드의 왼쪽 자식 노드는 2, 오른쪽 자신 노드는 3으로 붙이게 된다.

이 번호를 배열의 인덱스로 사용하여 포화 이진 트리의 노드 정보를 연속적인 배열로 저장할 수 있으므로, 포화 이진 트리는 배열로 생성하면 효율적이다.

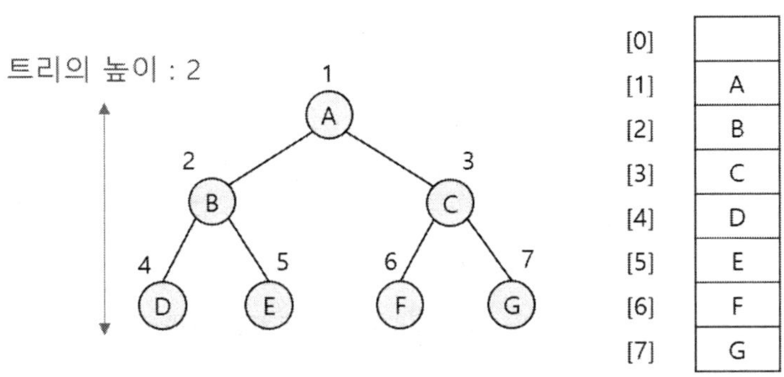

그림 8-3 포화 이진 트리의 예

■ 완전 이진 트리(Complete binary tree)

완전 이진 트리는 가장 낮은 레벨을 제외하고 모든 레벨이 완전히 채워진 이진 트리이다. 즉, 단말을 제외한 모든 노드가 2개의 자식 노드를 가지며 마지막 레벨에서는 왼쪽부터 채워진다.

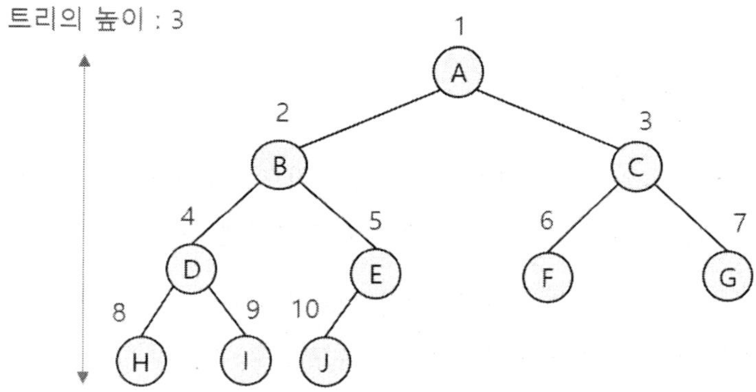

그림 8-4 완전 이진 트리의 예

포화 이진 트리는 완전 이진 트리이지만, 완전 이진 트리가 항상 포화 이진 트리인 것은 아니다.

그 외 편향 이진 트리(Skewed Binary Tree)는 자식 노드가 왼쪽이나 오른쪽의 한 쪽 방향으로만 채워지는 트리이다. 경사 이진 트리라고도 하며 높이가 h일 때, $h+1$개의 노드를 가진다.

그림 8-5와 같이 편향 이진 트리를 배열로 저장하면 빈 공간이 많이 생기므로 메모리 공간 활용에 비효율적이다. 이와 같이 포화 이진 트리이거나 완전 이진 트리가 아닌 경우에는 배열보다는 연결 리스트 구조로 이진 트리를 표현하는 것이 더 효과적이다.

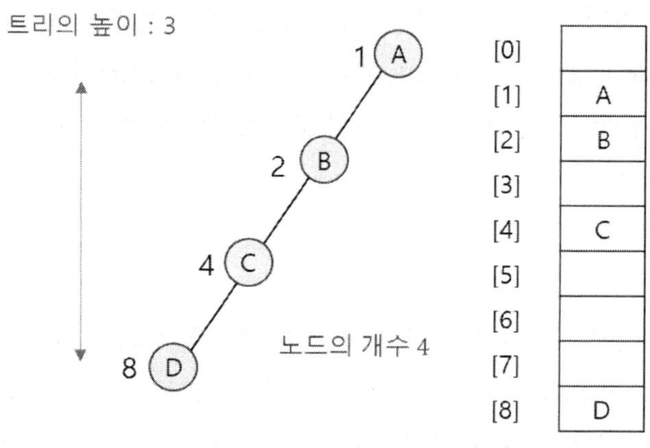

그림 8-5 편향 이진 트리의 예

지금까지 여러 종류의 이진 트리를 알아보았다. 이진 트리의 성질에서 언급한 바와 같이 노드 개수가 n개일 때 엣지의 수는 $n-1$이다. 트리의 높이를 h라고 할 때, 경사 이진 트리가 가장 작은 $h+1$개의 노드를 가지며, 포화 이진 트리의 경우 $2^{h+1}-1$개까지 노드를 구성한다. 따라서 n개의 노드가 존재하는 이진 트리의 높이는 $\lceil \log_2(n+1) \rceil - 1$에서 $n-1$까지이다.

8.3 이진 트리의 구현

이진 트리는 2개 이하의 자식 노드를 가지는 트리 구조이므로 연결 리스트로 각 노드를 구현하고 왼쪽과 오른쪽 자식을 링크로 연결하여 계층 구조를 나타낼 수 있다.

트리 노드를 구현하는 클래스를 TNode라는 이름으로 정의하며 왼쪽 자식 노드와 오른쪽 자식 노드의 주소를 가지는 두 개의 링크와 값을 저장하는 필드로 구성한다.

```
class TNode:
    def __init__(self, val):
        self.val = val
        self.left = None
        self.right = None
```

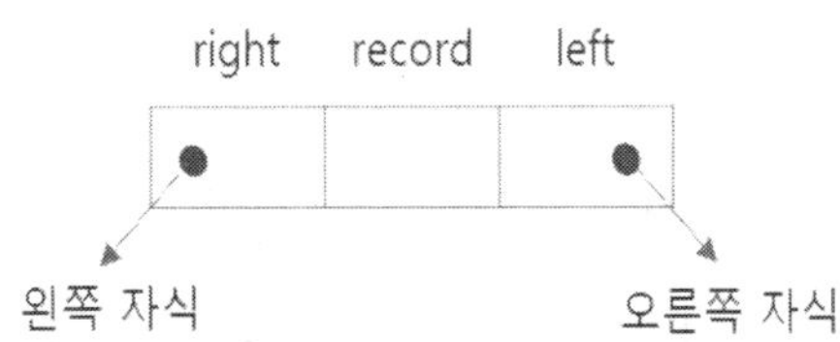

선형 자료구조는 한 가지의 방식으로 자료에 접근하지만, 트리와 같은 비선형 구조는 여러 방법이 존재한다. 예를 들어서 스택의 경우, 나중에 입력된 순서대로 자료를 꺼내는 방식으로 문제를 해결하지만, 트리는 몇 가지의 서로 다른 자료 접근 방법이 있다.

트리에서 각 노드가 정보를 저장하고 있으며, 메모리의 각 노드의 값에 접근하는 것을 '노드를 방문한다'고 한다. 트리의 모든 노드를 한 번씩만 방문하는 것을 트리 순회(tree traversal)라고 하고, 전위 순회(preorder), 중위 순회(inorder), 후위 순회(postorder)의 방식이 있다. 이진 트리는 전체 트리의 구조와 왼쪽과 오른쪽 서브 트리의 구조가 같으므로 재귀 호출의 방식으로 트리 순회가 가능하다.

■ 전위 순회

현재 방문한 노드를 먼저 처리하고, 왼쪽 서브 트리, 오른쪽 서브 트리의 순으로 방문하여 같은 방법으로 처리한다. 트리의 방문은 루트 노드부터 시작하므로, 루트 노드의 값을 읽거나 변경하는 등의 작업을 먼저 수행하고 왼쪽 자식 노드로 이동한다. 이때 왼쪽 자식 노드를 루트로 하는 서브 트리를 대상으로 전위 순회 방법으로 노드를 방문한다. 오른쪽 서브 트리에 대해서도 전위 순회를 진행한다. 더 이상 노드를 만나지 않게 되면 순회를 끝낸다.

그림 8-6의 이진 트리를 전위 순회하여 각 노드의 값을 출력하면 'A, B, D, H, I, E, C, F, G'의 순서로 나타난다. 부모를 먼저 방문한 후 왼쪽 자식 노드와 오른쪽 자식 노드들을 방문하는 순서이다.

전위 순회는 부모 노드를 먼저 처리한 후 자식 노드를 처리하는 경우에 사용한다. 예를 들어 모든 노드의 높이를 매긴다면 루트에서부터 누적되는 엣지를 세어야 하므로 부모부터 높이를 매기고 그 값을 현재 노드의 높이 계산에 이용한다.

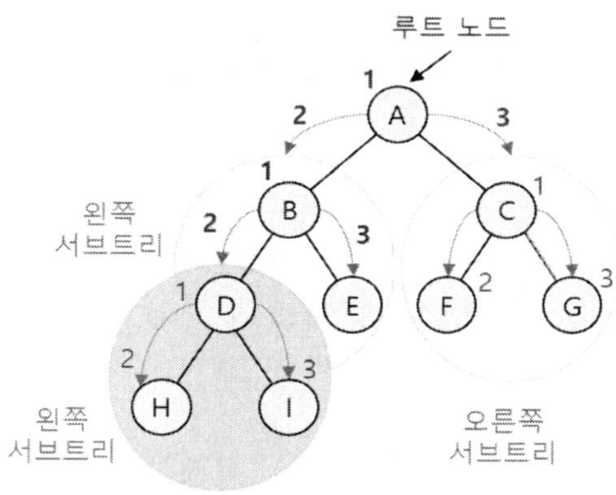

그림 8-6 트리의 전위 순회 예

■ 중위 순회

먼저 루트 노드의 왼쪽 서브 트리를 방문하여 중위 순회한다. 그리고 루트 노드를 방문하고 오른쪽 서브 트리로 이동하여 중위 순회를 진행한다. 이 방식은 왼쪽 자식 노드의 방문을 끝낸 후 루트를 방문하고 오른쪽 자식 노드를 방문하는 순서로 왼쪽 자식, 부모, 오른쪽 자식 노드의 순으로 방문하게 된다. 그림 8-7에서 보이는 이진 트리의 중위 순회 결과는 'D, B, E, A, F, C'이다.

중위 순회가 사용되는 예는 이진 탐색 트리에서 오름차순 또는 내림차순으로 값을 읽어 올 때이다. 이진 탐색 트리는 이진 트리에 조건을 추가하여 탐색에 용이한 트리 구조로 다음 장에서 소개한다.

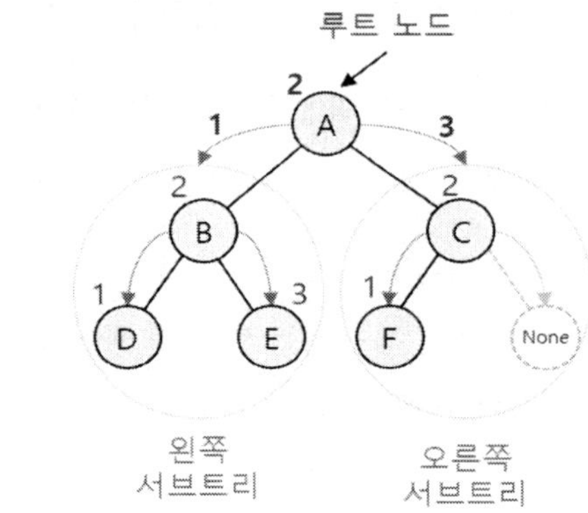

그림 8-7 트리의 중위 순회 예

■ 후위 순회

이 방식은 루트 노드에서 시작하여 왼쪽 서브 트리를 후위 순회한 후, 오른쪽 서브 트리를 후위 순회하고 마지막으로 루트 노드를 처리한다. 왼쪽 자식, 오른쪽 자식 노드를 순서대로 방문한 후에 부모 노드를 방문하는 것이다.

후위 순회는 트리의 삭제에 사용될 수 있다. 부모를 삭제하기 전에 자식 노드를 먼저 삭제해야 하기 때문이다. 그림 8-8의 후위 순회 결과는 'D, E, B, H, I, F, G, C, A'의 순서로 나타난다.

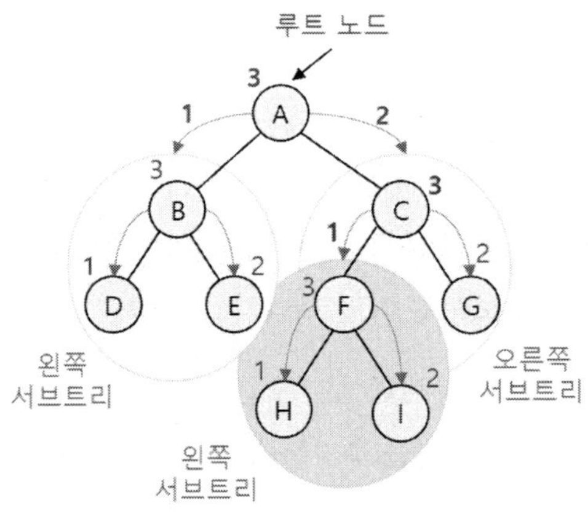

그림 8-8 트리의 후위 순회 예

지금부터 이진 트리를 메모리에 생성하고 노드를 순회하는 과정을 구현해 본다. 이를 위해서 트리의 세 가지 순회 방법을 각각 함수로 구현하도록 하자. 각 함수에 root 노드를 전달하여 노드의 record에 저장된 값을 출력한다.

순회 함수는 노드의 방문 순서에 맞게 자신을 호출하는 재귀 호출로 구현할 수 있다. 전위 순회의 경우는 현재 노드의 값을 출력하고, 왼쪽 자식 노드를 전달하여 자신을 다시 호출한다. 그리고 오른쪽 자식 노드를 전달하면서 자신을 다시 호출하면 전위 순회의 정의대로 구현이 완성된다.

```
def preorder(n) :
        if n is not None :
            print(n.data, end=' ')
            preorder(n.left)
            preorder(n.right)
```

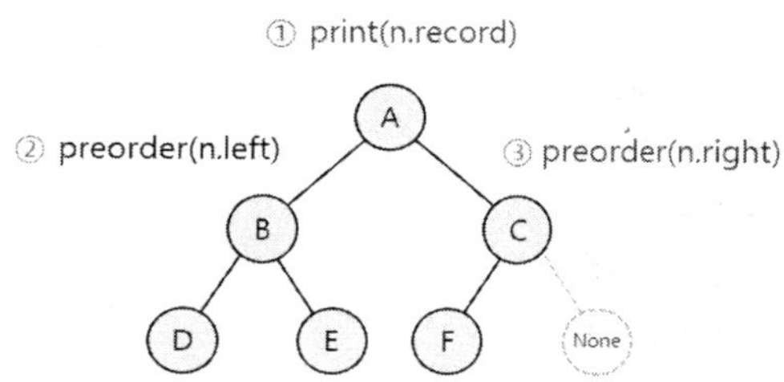


```
def inorder(n):
        if n is not None :
            inorder(n.left)
            print(n.data, end=' ')
            inorder(n.right)
```

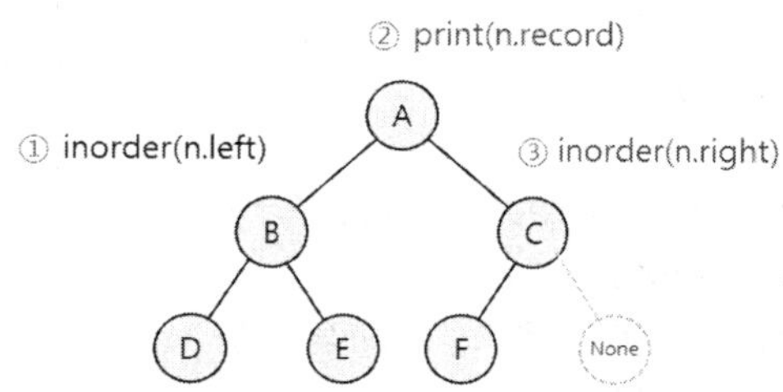


```
def postorder(n):
        if n is not None:
            postorder(n.left)
            postorder(n.right)
            print(n.data, end=' ')
```

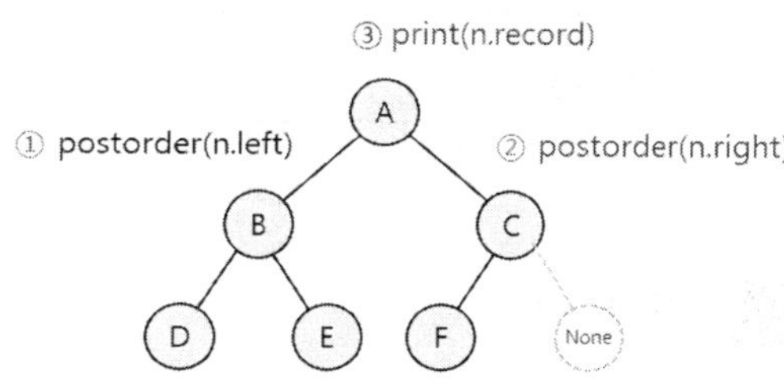

이미 트리의 노드는 TNode 클래스로 정의하였으므로, 이를 이용하여 노드를 하나씩 만들고 계층 관계를 연결한다. 예로 그림 8-9와 같은 형태의 이진 트리를 만들어 본다.

root 노드를 먼저 생성하고 왼쪽 자식과 오른쪽 자식 노드를 만들어서 root의 left, right 필드에 각각 저장한다.

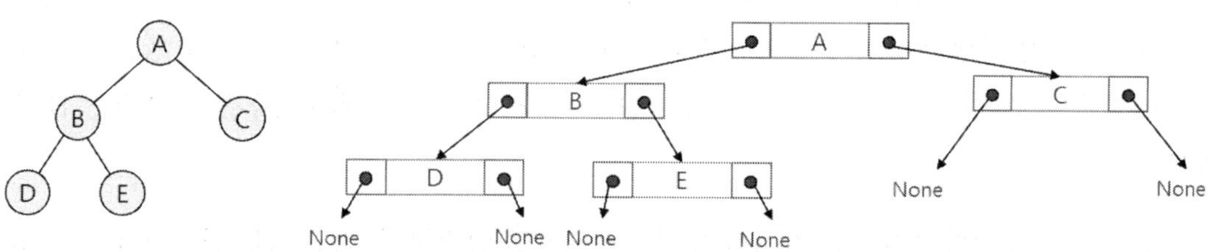

그림 8-9 이진 트리 생성 예

다음은 노드와 계층 구조를 생성하고 트리 순회 결과를 확인해 보는 예이다. 루트 노드 A는 왼쪽 자식으로 노드 B를 연결하고, 오른쪽 자식으로 노드 C를 연결하고 있다. 노드 B는 노드 D와 E를 각각 왼쪽과 오른쪽 자식으로 연결한 트리를 생성한다. 세 가지의 트리 순회 함수를 차례로 호출하여 노드의 방문 순서를 알 수 있다.

```
root = TNode('A')
B = TNode('B')
C = TNode('C')
root.left = B
root.right = C
D= TNode('D')
E= TNode('E')
B.left = D
B.right = E
print('\n  전위 순회 : ', end=' ')
preorder(root)
print('\n  중위 순회 : ', end=' ')
inorder(root)
print('\n  후위 순회 : ', end=' ')
postorder(root)
```

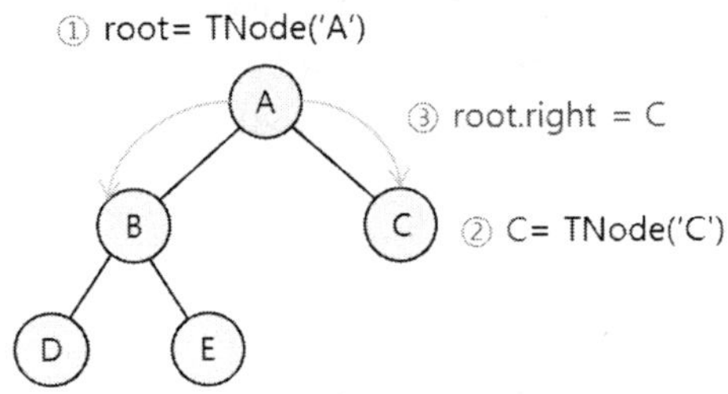

- 결과 -
전위 순회 : A B D E C
중위 순회 : D B E A C
후위 순회 : D E B C A

8.4 힙 트리

힙(heap)은 무언가를 쌓아 놓은 더미라는 의미로써 사용되며 힙 트리는 더미의 가장 위쪽에 항상 최솟값이나 최댓값을 위치시켜서 바로 찾을 수 있는 트리 구조를 말한다. 힙 트리는 완전 이진 트리이며 우선순위 큐라고도 한다. 더미의 가장 위쪽에 위치하는 것은 루트 노드이며 힙 트리에서 값을 꺼내어 오는 삭제 연산은 루트의 값을 확인하는 것이다.

항상 최솟값을 꺼내는 최소 힙 트리라면 작은 값일수록 우선순위가 높다. 그러므로 새로운 값이 삽입될 때 전체 트리의 루트 노드에 자리하도록 우선순위에 맞추어 삽입 과정을 수행해야 한다. 나머지 자료들은 정렬할 필요가 없으며 검색을 목적으로 하지 않는다. 따라서 최소 힙은 부모 노드가 자식 노드보다 작은 값을 가지도록 구성한다. 최대 힙은 그 반대의 경우를 나타내는 힙 트리이다.

최소 힙 트리를 생성하고 새로운 자료를 삽입하는 과정을 살펴보자. 힙 트리는 완전 이진 트리이므로 배열 구조로 생성하면 빈 공간이 없이 메모리를 구성할 수 있다. 파이썬에서 제공하는 최소 힙 라이브러리인 heapq를 활용하여 리스트 [8, 5, 3, 1, 3, 4, 9, 2, 5, 6, 7]을 최소 힙 트리로 생성한다.

그림 8-10은 새로운 값 0의 노드를 삽입하여 루트 노드로 삽입한 과정이다. 최소 힙에 새로운 값의 삽입 과정은 새로운 노드를 완전 이진 트리의 조건을 만족하는 마지막 노드의 위치에 임시로 삽입한다. 그리고 부모 노드와 비교하여 더 작다면 위치를 바꾸어가는 작업을 반복하여 제 위치를 확정한다.

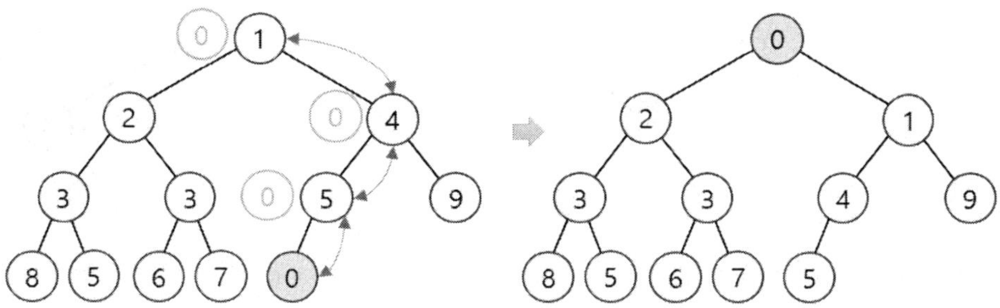

그림 8-10 최소 힙 삽입의 예

파이썬 리스트로 구현된 최소 힙 트리의 상태 변화는 그림 8-11과 같다. 루트 노드부터 왼쪽, 오른쪽 자식 노드의 순서로 트리의 레벨 단위로 배열되어 있다. 부모와 자식 관계의 노드가 위치한 인덱스는 부모 노드의 인덱스가 i일 때 왼쪽 자식은 $2 \times i + 1$의 인덱스에 오른쪽 자식은 $2 \times i + 2$의 인덱스에 저장된다.

1	2	4	3	3	5	9	8	5	6	7
[0]	[1]	[2]	[3]	[4]	[5]	[6]	[7]	[8]	[9]	[10]

0	2	1	3	3	4	9	8	5	6	7	5
[0]	[1]	[2]	[3]	[4]	[5]	[6]	[7]	[8]	[9]	[10]	[11]

그림 8-11 최소 힙의 배열 표현

그림 8-12는 최소 힙에서 pop연산으로 삭제한 후, 최소 힙의 조건을 유지하도록 트리를 재구성하는 과정이다. 먼저, 가장 마지막 노드를 임시로 루트로 옮긴다. 힙 트리가 완전 이진 트리이며 리스트로 구현하였기 때문에 리스트의 마지막 원소가 트리의 마지막 노드이다. 이제 변경된 루트 노드의 값과 자식 노드들을 비교하여 더 큰 값이라면 자리를 교환해 나간다.

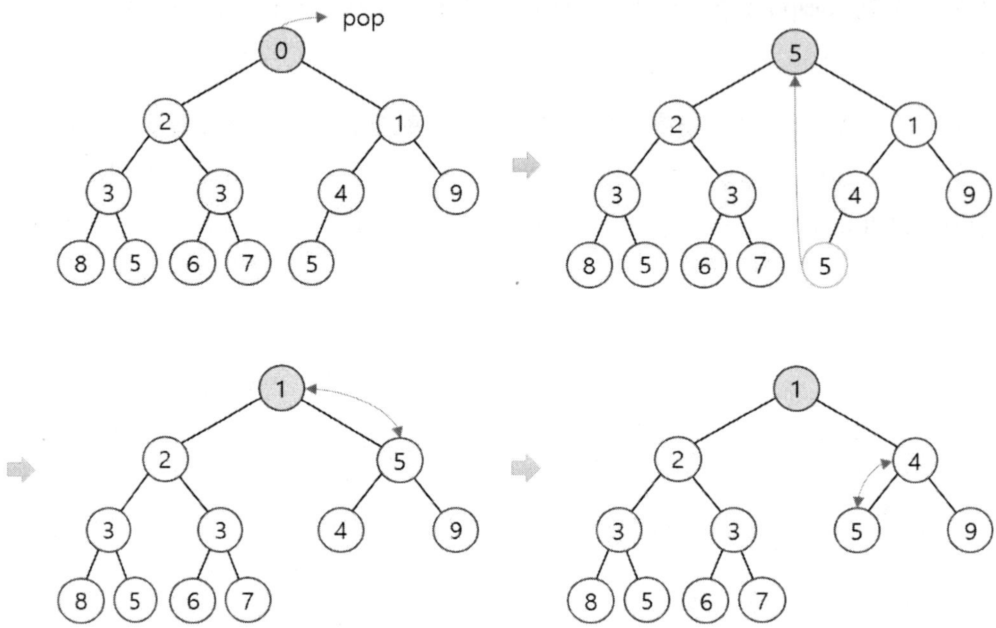

그림 8-12 최소 힙 삭제의 예

최소 힙의 구현 예를 살펴보자. 다음과 같이 파이썬의 heapq를 hq로 사용할 수 있도록 import하고, min_heap 리스트에 최소 힙으로 구성한다. 리스트를 출력하여 트리의 상태를 확인하고, 삽입과 삭제 후의 변화 과정을 분석해 보자. test의 항목을 하나씩 읽어서 heappush()를 이용하여 최소 힙 트리를 구성해 나간다. 최소 힙 트리는 min_heap에 저장되며, heappop()은 최소 힙의 루트에 해당되는 값을 삭제하므로 가장 작은 값이 출력됨을 볼 수 있다.

```
import heapq as hq  #최소 힙 라이브러리, hq로 사용

test = [8, 5, 3, 1, 3, 4, 9, 2, 5, 6, 7]
min_heap = [] #최소 힙 리스트

for i in test:
    hq.heappush(min_heap, i) # 최소 힙 생성

print(min_heap) # 최소 힙 출력
hq.heappush(min_heap, 0) #0을 삽입
print(min_heap) # 0 삽입 후 출력
print("최솟값: ", hq.heappop(min_heap)) #최소 힙에서 값 삭제
print(min_heap)
print("최솟값: ", hq.heappop(min_heap))  #최소 힙에서 값 삭제
print(min_heap)

-결과-
[1, 2, 4, 3, 3, 5, 9, 8, 5, 6, 7]
[0, 2, 1, 3, 3, 4, 9, 8, 5, 6, 7, 5]
최솟값:  0
[1, 2, 4, 3, 3, 5, 9, 8, 5, 6, 7]
최솟값:  1
[2, 3, 4, 3, 6, 5, 9, 8, 5, 7]
```

Exercise

1. 트리에 대한 설명으로 잘못된 것을 모두 고르시오.

   ① 트리의 모든 노드는 자식 노드의 개수만큼 서브 트리를 가진다.
   ② 힙 트리의 삭제 시에 삭제되는 것은 가장 먼저 삽입된 노드이다.
   ③ 이진 트리는 모든 노드의 차수가 2이하이다.
   ④ 트리의 전위 순회는 하위 노드의 정보 파악이 우선되는 경우에 효율적이다.
   ⑤ 힙 트리는 자료 중에서 특정한 값을 바로 알 수 있는 이진 트리이며 모든 값을 정렬되어진다.
   ⑥ 일반트리는 노드의 개수가 0인 트리가 없지만 이진 트리를 공백 이진 트리가 있다.

2. 높이가 3인 이진 트리를 생성하고자 한다. 노드 수가 가장 많은 경우와 가장 작은 경우의 이진 트리의 예를 그림으로 나타내어 보시오.

3. 이 트리의 순회 결과가 오름 차순으로 정렬된 리스트를 출력하는 트리 순회 함수인 tree_order()를 재귀호출로 구현하고자 한다. 빈 칸을 채우시오. 트리의 각 노드는 8.3절의 TNode클래스로 생성하여 왼쪽 자식과 오른쪽 자식을 연결 리스트로 구현되었다고 가정한다.

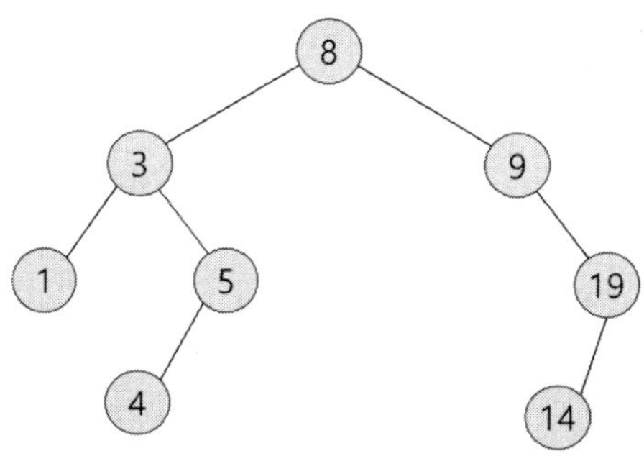


```
def tree_order(n):
        if n is not None :
            ①
            ②
            ③
```

4. 이진 트리의 중위순회를 반복문을 이용하여 구현하고자 할 때 스택의 삽입과 삭제를 활용한다. 그 과정을 나타내는 의사코드의 빈 칸을 채우시오. 여기에서 스택 클래스는 Stack으로 정의되었으며, 각 노드는 8.3절의 TNode클래스로 생성하여 연결 리스트로 구현되었다고 가정한다. n은 트리의 노드이다.

```
def in_oder(n) :
    stack = Stack()
    while(1)
      while n.left is not None
          ①________________________#스택에 노드를 push
     ②____________________________ #스택에서 노드를 pop
     if n is None
          break
     ③____________________________#노드 n의 값을 출력
     ④____________________________#노드 n의 오른쪽 자식으로 이동
```

5. 다음은 최소 힙 트리이다.

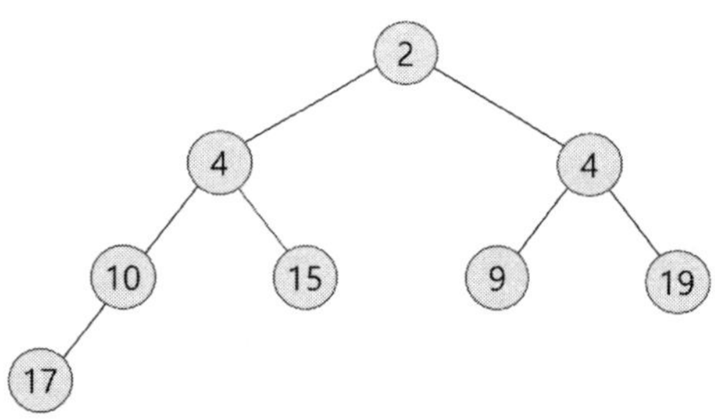

(1) 이 트리를 1차원 배열로 나타내시오.

(2) 이 최소 힙 트리에서 삭제 연산을 수행한 후의 트리를 그림으로 나타내시오.

Chapter 9

이진 탐색 트리 : 이진 트리에서 빠르게 찾기

9.1 이진 탐색 트리란?

이진 탐색 트리(Binary Search Tree)는 이름에서 유추할 수 있듯이 이진 탐색 기법을 트리에 적용하여 효율적 탐색을 목적으로 하는 자료구조이다. 이진 탐색은 정렬된 리스트에서 빠른 탐색이 가능하지만, 자료의 삽입과 삭제 연산이 정의되지 않는다. 반면에 연결 리스트는 자료의 삽입과 삭제가 $O(1)$의 시간 복잡도로 수행할 수 있는 효율성이 있다. 물론 탐색 시에는 항목의 수가 많을수록 시간이 더 걸릴 것이다. 이와 같은 서로 다른 자료구조의 장점을 적절히 결합하여 자료의 삽입과 삭제를 효율적으로 가능하게 하면서, 이진 탐색의 성능을 가지는 자료구조가 이진 탐색 트리이다.

이진 탐색 트리는 두 개 이하의 자식 노드를 갖는 이진 트리로 부모 노드와 자식 노드의 값이 다음과 같은 조건을 만족해야 한다. 여기에서 노드의 값은 각 노드에 저장되는 키의 값이다.

- 노드의 왼쪽 서브 트리의 모든 노드는 해당 노드의 값보다 작은 값을 가진다.
- 노드의 오른쪽 서브 트리의 모든 노드는 해당 노드의 값보다 큰 값을 가진다.
- 이진 탐색 트리에는 같은 값을 가지는 노드가 없어야 한다.
- 왼쪽 서브 트리와 오른쪽 서브 트리도 이진 탐색 트리이어야 한다.

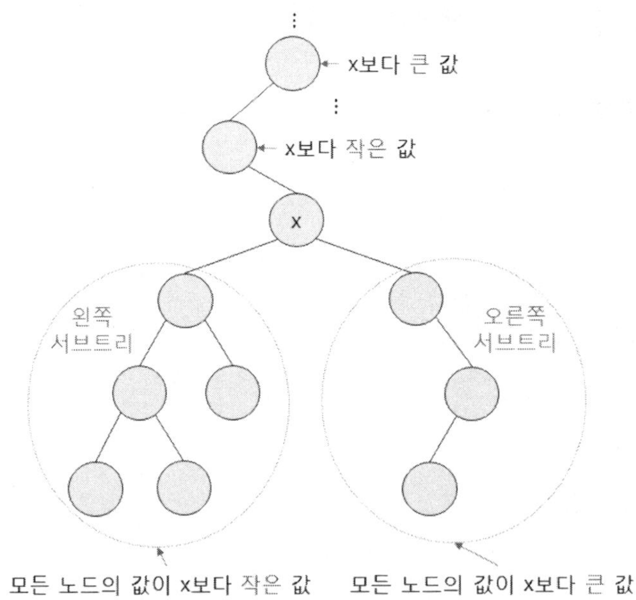

그림 9-1 이진 탐색 트리의 속성

이러한 조건을 그림 9-1과 같이 트리 형태로 나타낼 수 있다. 어떤 노드의 값이 x일 때 x보다 작은 값을 가지는 모든 노드는 왼쪽 서브 트리에 위치하며 그렇지 않으면 오른쪽 서브 트리에 있다. 또한 노드 x가 그 부모 노드의 오른쪽 자식이라면 부모의 값이 x보다 작을 것이다. 따라서, 이진 탐색 트리를 중위 순회한다면, 키 값을 오름차순으로 정렬된 상태로 출력할 수 있다.

9.2 이진 탐색 트리의 연산

이진 탐색 트리는 이진 탐색의 빠른 탐색이 가능한 원리를 적용하여 루트의 왼쪽 서브 트리와 오른쪽 서브 트리가 각각 루트보다 더 작은 값들과 더 큰 값들로 구성되며, 노드의 삽입과 삭제도 용이하게 수행하기 위한 자료구조이므로 주요 연산은 탐색과 삽입, 삭제이다.

■ 탐색

자료구조에서 탐색은 탐색 키를 입력하여 그와 같은 값을 가지는 노드를 찾아 그 레코드를 반환하는 작업이다.

이진 탐색 트리로 구성된 자료에서 탐색 키가 입력되면 루트의 키와 비교를 시작한다. 탐색 키가 루트 노드의 키보다 더 작다면 왼쪽 자식으로 이동하여 왼쪽 서브 트리만 탐색한다. 그렇지 않다면 오른쪽 서브 트리만 고려하게 되므로 탐색 시간이 감소된다.

탐색의 완료는 성공하거나 None을 만나게 되어 실패하는 경우이다. 탐색에 성공하면 해당 노드의 레코드를 반환하여 원하는 정보를 얻는다.

■ 삽입

주어진 자료에 대해서 노드의 삽입 연산을 반복하여 이진 탐색 트리를 구성한다. 또한 이진 탐색 트리에 새로운 노드를 넣는 과정도 삽입이다.

새로운 값을 가지는 노드가 삽입이 되더라도 이진 탐색 트리의 속성을 유지해야 하므로 삽입될 위치를 찾는 것이 선행된다. 루트 노드에서 새로운 키와 값의 비교를 시작하여 탐색을 수행한다. 이때 탐색이 성공하면 키가 같은 노드가 이미 존재하므로 새로운 삽입을 할 수 없다. 만약 탐색이 실패하면 그 위치에 새 노드를 삽입한다.

이진 탐색 트리에서 새로운 노드는 항상 단말 노드로 삽입하므로 연산이 간단하지만, 삽입되는 노드의 값에 따라서 한쪽 방향으로 늘어져서 트리의 높이를 증가시킬 수도 있다.

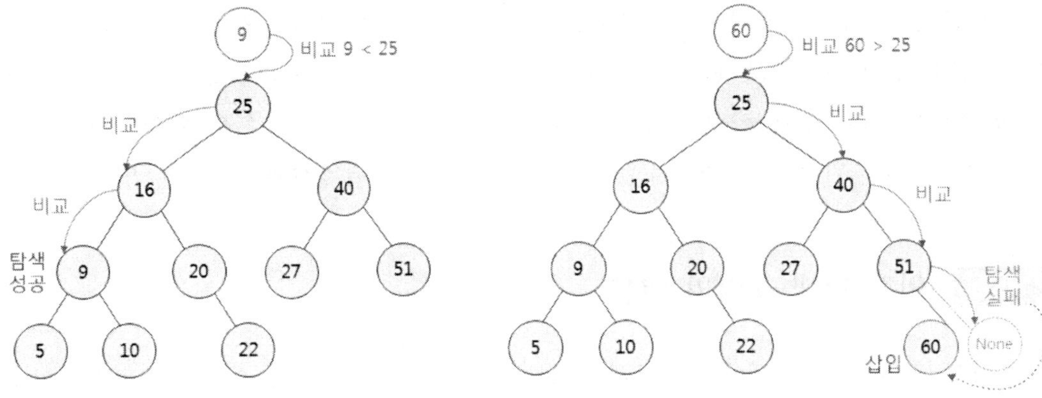

그림 9-2 이진 탐색 트리의 삽입 예

■ 삭제

임의의 노드를 삭제할 때에 대상 노드가 단말인 경우, 그 자식 노드가 1개인 경우와 자식 노드가 2개인 경우를 나누어서 고려해야 한다. 삭제 연산 후에도 이진 탐색 트리의 속성을 유지해야 하며, 해당 노드를 삭제한 후 변화되는 것은 삭제한 노드의 부모 노드이기 때문이다.

삽입과 마찬가지로 삭제 대상이 되는 노드를 찾는 탐색을 통해서 부모와 자식 노드를 알아낸다.

그림 9-3의 예에서 단말 노드의 삭제를 살펴보자. 탐색된 노드를 None으로 바꾸고 이를 부모 노드에 다시 연결한다. 이 예에서는 부모의 오른쪽 노드가 None으로 연결되면서 단말 노드 10이 삭제된다. 이러한 과정은 서브 트리도 이진 탐색 트리이기 때문에 재귀 호출을 이용하여 용이하게 구현할 수 있다.

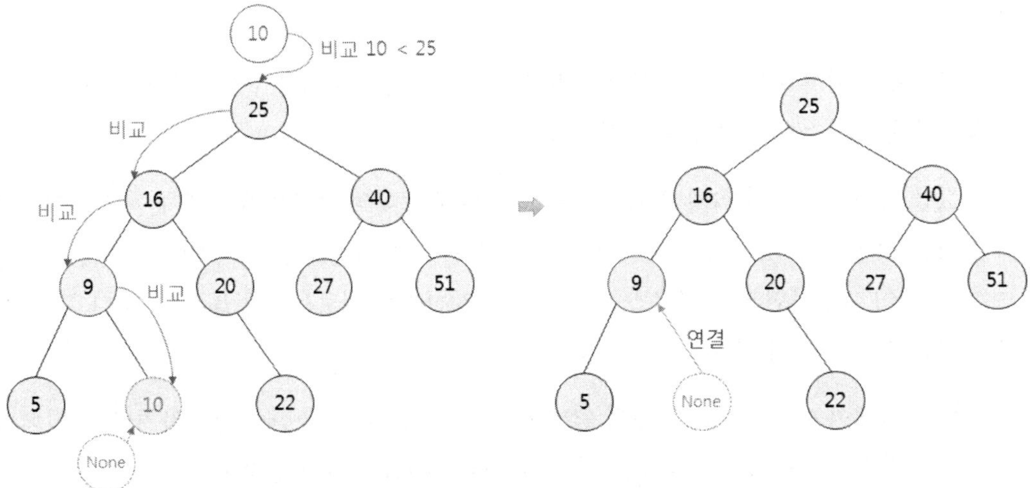

그림 9-3 단말 노드 삭제

삭제할 노드의 자식이 1개인 경우라면 자식 노드와 교체한다. 그림 9-4와 같이 삭제할 노드를 탐색하여 그 자식 노드를 복사함으로써 해당 노드는 삭제되고 부모 노드의 오른쪽 자식으로 연결되는 경우이다. 오른쪽 서브 트리의 모든 노드는 부모 노드보다 큰 값을 가지기 때문에 이진 탐색 트리의 속성이 유지된다. 왼쪽 서브 트리의 경우도 마찬가지이다.

구현 시에 재귀 호출을 하면 자신의 오른쪽 또는 왼쪽 자식으로 이동하여 삭제 노드를 찾았기 때문에 부모 노드를 따로 기억하지 않아도 그 부모 노드의 오른쪽 또는 왼쪽 자식으로 교체된 노드를 연결하게 된다.

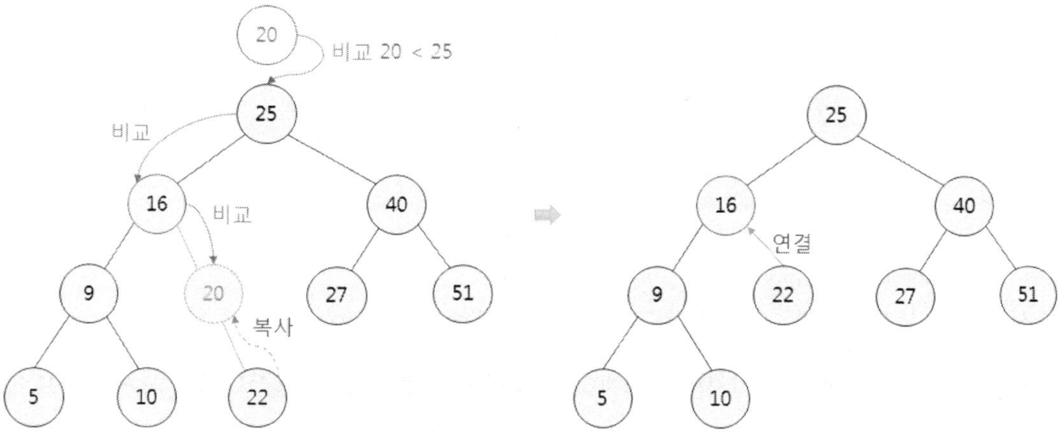

그림 9-4 자식이 1개인 노드의 삭제

삭제할 노드의 자식 노드가 2개 존재할 경우는 삭제할 값과 가장 비슷한 값을 가진 노드를 옮겨서 이진 탐색 트리의 조건을 유지한다. 그렇다면 가장 비슷한 값은 어떻게 찾을 수 있을지 생각해 보자.

이진 탐색 트리를 중위 순회하면 정렬된 순서의 리스트를 얻는다. 그림 9-5에서 16의 노드를 삭제하는 경우를 고려해 보자. 이 트리를 중위 순회한 리스트에서 16의 바로 앞을 전임자(predecessor), 바로 뒤를 후임자(successor)라고 하며, 이 예에서는 전임자는 10, 후임자는 20이다.

이진 탐색 트리에서 전임자는 해당 노드의 왼쪽 서브 트리에서 가장 큰 값의 노드이며, 후임자는 오른쪽 서브 트리에서 가장 작은 값의 노드이다. 그림 9-5에서 삭제 대상인 16의 노드에서 왼쪽 서브 트리의 오른쪽 자식을 계속 따라가면서 오른쪽 자식 노드가 없는 노드를 만나면 그것이 전임자 노드임을 볼 수 있다. 후임자 노드는 삭제할 노드의 오른쪽 자식을 따라가면서 왼쪽 자식 노드가 없는 노드가 된다. 그래서, 전임자나 후임자 노드는 항상 1개 이하의 자식 노드를 가진다.

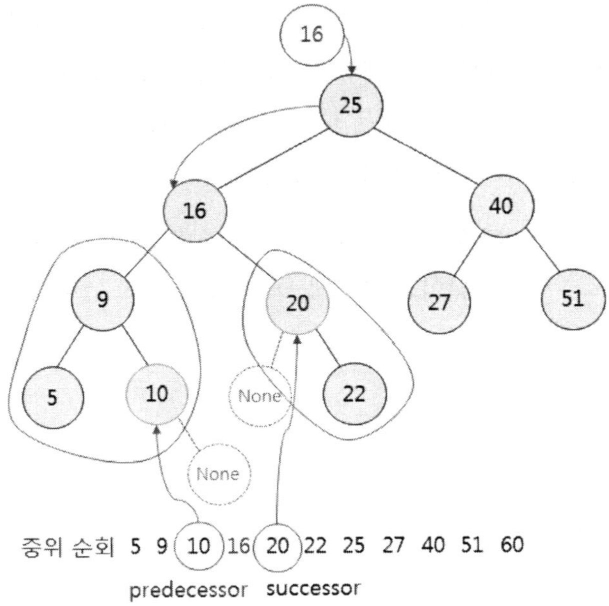

그림 9-5 전임자와 후임자 노드

다시 삭제할 노드가 2개의 자식을 가지는 경우를 생각하자.

삭제할 노드가 발견되면, 전임자와 후임자 노드를 찾고 둘 중 한 노드를 선택하여 삭제할 노드에 복사한다. 이 후의 과정은 단말 노드나 자식이 1개인 노드의 삭제와 같은 경우가 되므로 선택된 전임자나 후임자 노드의 자식 노드를 삭제한 노드의 자식으로 연결한다.

그림 9-5를 다시 살펴 보자. 루트 노드에서 시작하여 삭제할 노드를 탐색한다. 찾아진 노드의 왼쪽 서브 트리에서 전임자를, 오른쪽 서브 트리에서 후임자를 찾아보자. 중위 순회의 리스트에서 16의 앞 뒤 값과 같음을 알 수 있다. 그리고 둘 중 하나를 선택하여 복사 후 삭제 과정을 수행한다.

여기에서는 전임자를 삭제할 노드에 복사하여 교체해 넣어서 삭제해 본다.

먼저 루트 노드에서 시작하여 삭제할 노드를 찾는다. 그림 9-6에서 탐색된 삭제 대상 노드를 currentNode로 한다. 그리고 전임자를 탐색하기 위해서 왼쪽 서브 트리로 이동한다. 이때 부모와 자식 노드를 알 수 있도록 parent와 child 변수로 기억해 두고, 전임자를 찾을 때까지 한 쌍으로 이동한다. 왼쪽 서브 트리의 가장 오른쪽 노드 10이 오른쪽 자식 노드가 없는 전임자 노드이며 이때, parent는 노드 9이고 child는 전임자 노드이다.

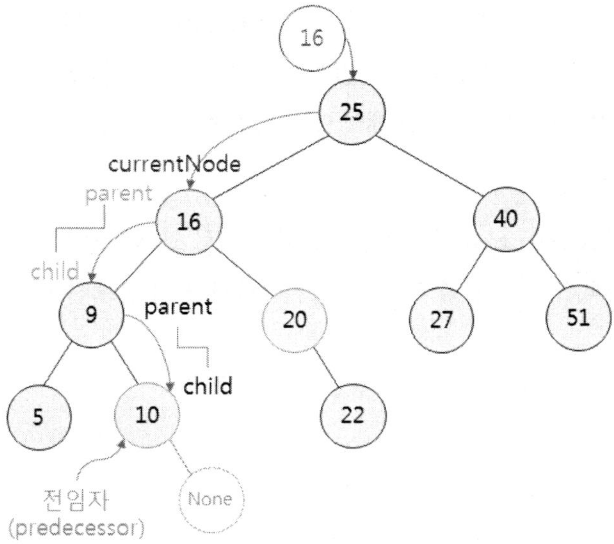

그림 9-6 전임자(predecessor) 노드 탐색

전임자 노드(child)를 찾았다면, 삭제할 노드(currentNode)의 오른쪽 자식을 전임자의 오른쪽 자식으로 연결한다. 그리고 전임자의 부모 노드(parent)의 오른쪽 자식을 전임자(child)의 왼쪽 자식 노드으로 연결한다. 전임자 노드는 왼쪽 자식 노드만 가지거나 없는 노드이다. 그림 9-7의 예에서는 왼쪽 자식 노드가 없는 경우이므로 parent의 오른쪽 자식 노드가 None으로 바뀐다.

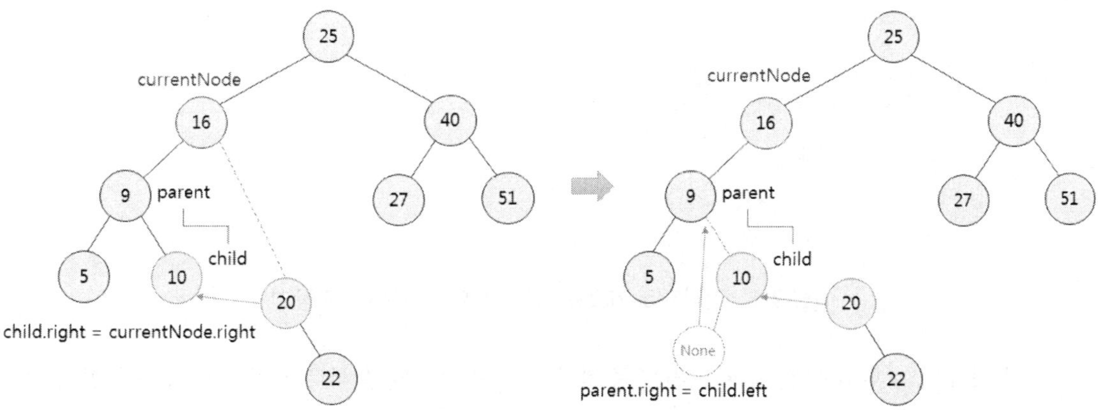

그림 9-7 전임자(predecessor)로 삭제 노드 대체 과정(1)

이제 전임자(child)의 왼쪽 자식으로 삭제할 노드(currentNode)의 왼쪽 자식 노드를 연결한다. 그림 9-8에서 10의 노드가 전임자인데, 그 왼쪽 자식으로 노드 9를 연결하고 있다. 그리고 전임자를 삭제할 노드의 위치에 복사하여 교체함으로써, 삭제할 노드만 사라지고 그 자식 노드의 연결 관계를 유지시킨다.

그림 9-8에서 삭제할 노드(currentNode)가 전임자 노드로 교체되었으며, 변경된 노드는 재귀적 과정에 의해서 그 부모 노드의 왼쪽 자식 노드로 반환되어 전체 트리에서 노드 16이 삭제된다.

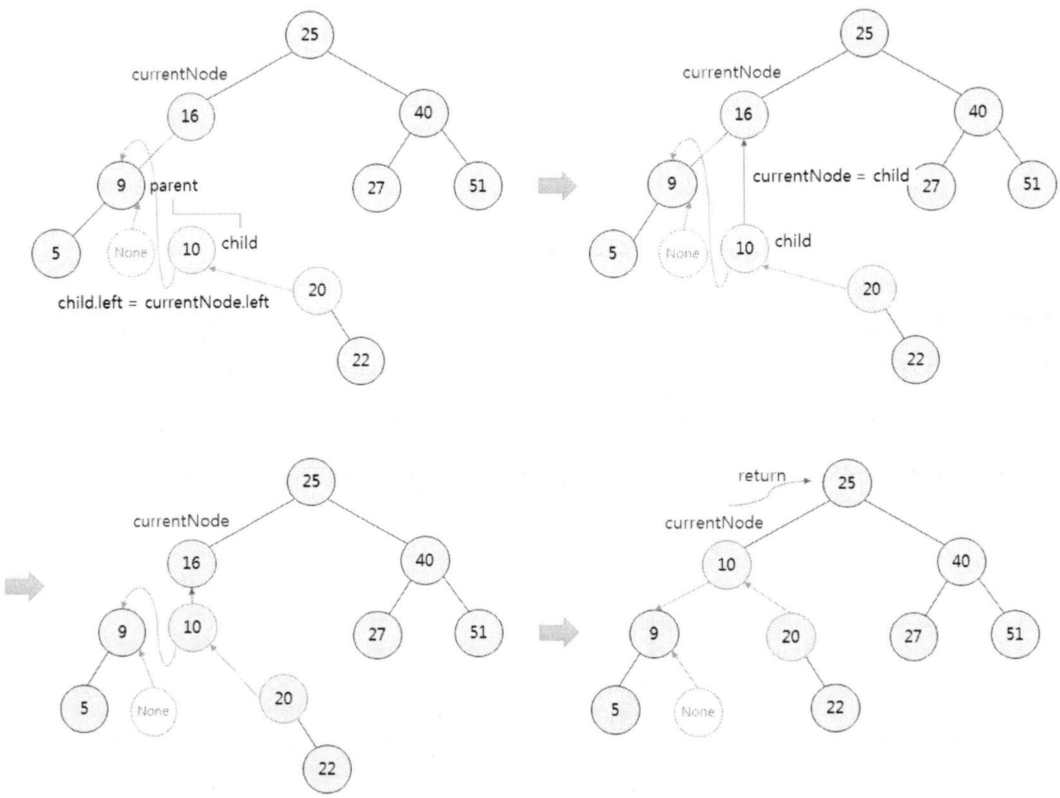

그림 9-8 전임자(predecessor)로 삭제 노드 대체 과정(2)

노드가 삭제된 경우의 이진 탐색 트리를 중위 순회하여 정렬된 순서로 키가 나타남을 확인할 수 있으므로 노드 삭제 후에서 이진 탐색 트리의 속성을 유지함을 알 수 있다.

9.3 이진 탐색 트리의 구현

이진 탐색 트리의 각 노드는 자식 노드를 연결하는 링크와 값을 저장하는 필드로 정의한다. 이진 탐색 트리의 각 기능을 구현하는 클래스의 멤버 함수로 노드의 삽입, 삭제 등을 구현할 것이므로 노드 클래스 TNode의 필드는 키 값을 저장하는 val만 정의하여 구현 예를 살펴보자. 필요하다면 키 값에 매핑되는 레코드 필드를 추가할 수 있다.

```
class TNode:                        #트리 노드 클래스
    def __init__(self, val):
        self.val = val              #노드가 저장하는 값
        self.left = None            #왼쪽 자식 노드 연결
        self.right = None           #오른쪽 자식 노드 연결
```

이진 탐색 트리의 연산을 멤버 함수로 구현하는 클래스는 BSTree라는 이름으로 정의한다.

먼저, 생성자에서 루트(root)를 None으로 초기화한다. 변수 root는 생성되는 이진 탐색 트리의 루트 노드를 의미하며, 트리 전체를 함수에 전달하기 위해서 이용한다.

setRoot()함수는 값을 전달 받아서 루트 노드를 생성하는 역할이다. 이진 탐색 트리의 탐색, 삽입, 삭제 연산은 각각 findNode(), insertNode(), deleteNode()로 구현한다. 그리고 이진 탐색 트리 클래스의 BSTree 추상 자료형으로 탐색, 삽입, 삭제의 기능이 find(), insert(), delete()로 제공될 수 있도록 정의한다.

다음의 코드에서 ①~③의 부분을 구현해 보자. 탐색과 삽입, 삭제는 이진 탐색 트리의 왼쪽 서브트리와 오른쪽 서브 트리가 모두 이진 탐색 트리의 속성을 가진다는 것을 활용하여 재귀 호출로 구현한다.

```
class BSTree:
    def __init__(self):  #생성자
        self.root = None
    def setRoot(self, val):
        self.root = TNode(val)   #루트 노드 생성
    def find(self, val):     #탐색
        if self.findNode(self.root, val) == False:
            return False
        else:
            return True
    def findNode(self, currentNode, key):
        ①

    def insert(self, val):   #삽입
        if self.root == None:
            self.setRoot(val)
        else:
            self.insertNode(self.root, val)
    def insertNode(self, currentNode, key):
        ②

    def delete(self, key):
        self.root = self.deleteNode(self.root, key) #삭제가 적용된 루트를 반환
    def deleteNode(self, currentNode, key):
        ③
```

① 노드 탐색 : def findNode(self, currentNode, key)

현재 노드의 val과 찾고자 하는 key와 값이 같으면 현재 노드를 리턴한다.

만약 현재 노드의 val이 key보다 더 작다면 오른쪽 자식 노드로, 그렇지 않다면 왼쪽 자식 노드로 이동하여 같은 과정을 반복한다. None을 만나면 탐색 실패인 경우이다.

```
def findNode(self, currentNode, key):
        if currentNode == None:
            return False
        elif key == currentNode.val:  #탐색 성공
            return currentNode
        elif key < currentNode.val:
            return self.findNode(currentNode.left, key) #왼쪽 서브 트리 탐색
        else:
            return self.findNode(currentNode.right, key) #오른쪽 서브 트리 탐색
```

② 노드 삽입 : def insertNode(self, currentNode, val)

현재 노드의 val과 같은 값을 삽입하고자 한다면 삽입할 수 없으므로 False를 반환한다. 만약 현재 노드의 val이 key보다 더 크다면 왼쪽 자식 노드로, 그렇지 않다면 오른쪽 자식 노드로 이동하여 None을 만나면 그 위치에 노드를 생성하여 붙여준다.

```
def insertNode(self, currentNode, val):
        if key == currentNode.val:
            return False
        if key < currentNode.val:
            if currentNode.left:
                self.insertNode(currentNode.left, key) #왼쪽 서브 트리에서 삽입 위치 찾기
            else:
                currentNode.left = TNode(key)
        elif key > currentNode.val:
            if currentNode.right:
                self.insertNode(currentNode.right, key) #오른쪽 서브 트리에서 삽입 위치 찾기
            else:
                currentNode.right = TNode(key)
```

③ 노드 삭제 : def deleteNode(self, currentNode, key)

현재 노드가 삭제할 노드라면 자식 노드의 개수에 따라서 삭제 연산을 수행한다.

자식 노드가 두 개인 경우, 전임자(또는 후임자) 노드를 찾아서, 삭제할 노드를 대체한다.

자식 노드가 한 개이면 그 자식 노드로 삭제할 노드를 대체한다.

자식 노드가 없다면 바로 삭제한다.

```
def deleteNode(self, currentNode, key):
        if currentNode == None:
            return currentNode
        if currentNode.val == key :        #현재 노드가 삭제할 노드이면
            if currentNode.left and currentNode.right:   # 자식이 두 개인 경우
                parent = currentNode
                child = currentNode.left  #왼쪽 서브 트리로 이동
                while child.right != None: #오른쪽 자식이 없는 노드를 찾음(전임자)
                    parent = child
                    child = child.right #오른쪽으로 계속 찾아감.
                child.right = currentNode.right
                        #현재 노드(삭제할 노드)의 오른쪽 자식을 전임자의 오른쪽 자식에 연결
                if parent != currentNode:
                    parent.right = child.left
                    child.left = currentNode.left
                currentNode = child  #삭제할 노드를 전임자 노드로 교체
            elif currentNode.left or currentNode.right:   # 자식 노드가 한 개
                currentNode = currentNode.left or currentNode.right
                                                #삭제할 노드를 자식 노드로 교체
            else:  # 삭제할 노드가 단말이면 None으로 할당
                currentNode = None
        elif key < currentNode.val:
            currentNode.left = self.deleteNode(currentNode.left, key)
                                                              #왼쪽 서브 트리로 이동
        else:
            currentNode.right = self.deleteNode(currentNode.right, key)
                                                              #오른쪽 서브 트리로 이동
        return currentNode  #변경된 노드를 반환하여 반영함.
```

이진 탐색 트리 클래스를 객체로 생성하고 각 연산을 테스트 해보자. 이진 탐색 트리의 노드로 삽입할 원소들을 리스트로 만들고, 반복문을 이용하여 삽입 연산을 진행한다.

이진 탐색 트리를 중위 순회하여 결과를 살펴보고, 16의 값을 가지는 노드를 삭제한 후 다시 중위 순회하여 삭제된 결과를 알아본다.

```
bst = BSTree()
list = [25, 16, 40, 9, 5, 10, 20, 22, 27, 51]
for i in list:
    bst.insert(i)
print('중위 순회')
inorder(bst.root)

print('\n\n삭제 16 => 중위 순회')
bst.delete(16)
inorder(bst.root)
- 결과 -
중위 순회
5  9  10  16  20  22  25  27  40  51

삭제 16 => 중위 순회
5  9  10  20  22  25  27  40  51
```

참고로 이진트리의 중위 순회 함수는 다음과 같다.

```
#중위 순회
def inorder(n):
        if n is not None :
            inorder(n.left)
            print(n.val, end='  ')
            inorder(n.right)
```

9.4 AVL 트리

높이가 h인 이진 탐색 트리의 탐색, 삽입, 삭제 연산의 시간 복잡도는 $O(h)$이다. 루트에서 단말 노드까지 탐색하여 삽입이나 삭제가 이루어지기 때문이다.

그림 9-9에서 이진 탐색 트리의 노드를 삽입하는 순서에 따라서 서로 다른 형태로 구성되는 것을 볼 수 있다. 총 11개의 노드이지만 높이가 3으로 균형을 이룰 수도 있고 한 방향으로만 삽입되어 최대 높이 10의 트리로 나타날 수도 있다. 이러한 최악의 경우를 고려하여 노드가 n개인 이진 탐색 트리의 시간 복잡도는 $O(n)$으로 계산된다. 이것은 이진 탐색의 빠른 탐색 시간이 유지될 수 있다는 이진 탐색 트리의 목적에 부합되지 않는다.

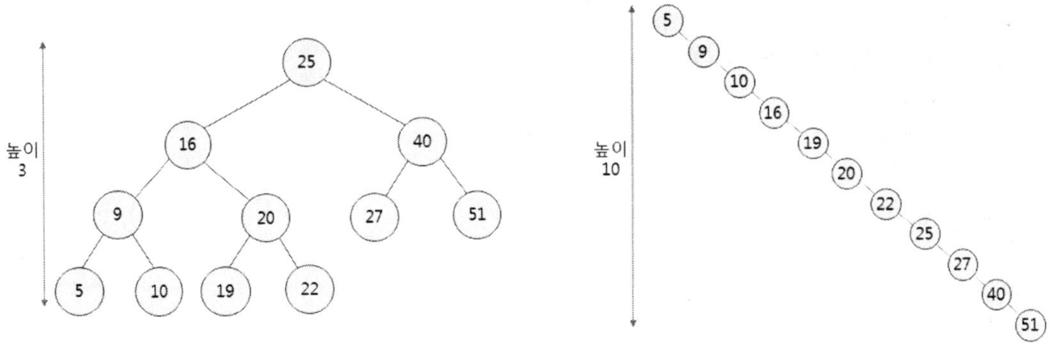

그림 9-9 높이가 서로 다른 이진 탐색 트리의 예

이와 같이, 이진 탐색 트리 연산의 시간 복잡도는 높이에 비례하므로 효율성을 높이기 위해서는 높이를 낮추어야 하는데 이것은 결국 서브 트리의 높이를 균형 있게 맞추어서 한쪽으로만 늘어지지 않도록 하는 것이다. 이를 위해서 제안된 트리가 AVL(Adelson-Velskii, Landis Tree) 트리이다.

AVL 트리는 균형 이진 탐색 트리라고도 하며, 어떤 노드에서 왼쪽 서브 트리의 높이와 오른쪽 서브 트리의 높이 차이가 1 이하인 이진 탐색 트리이다.

노드의 왼쪽 서브 트리 높이에서 오른쪽 서브 트리 높이를 뺀 수를 균형 인수(Balance Factor)라고 한다. 공백 트리인 경우의 균형 인수는 -1로 정의되어 있다. AVL 트리는 삽입과 삭제가 일어날 때 균형 인수의 절대값이 1 이하로 유지되도록 연산을 수행한다.

그림 9-10과 같이 새로운 노드가 이진 탐색 트리에 삽입될 때 균형 인수가 변화되며, 2 이상의 값으로 나타날 수 있다. 이때 트리를 오른쪽으로 회전(rotation)하여 루트 노드를 9로 하고 16을 오른쪽 자식 노드로 변경하면 모든 노드의 균형 인수가 0으로 맞춰진다. 이러한 방식으로 이진 탐색 트리의 삽입 또는 삭제 시에 균형을 맞추어가는 것이 AVL 트리이다.

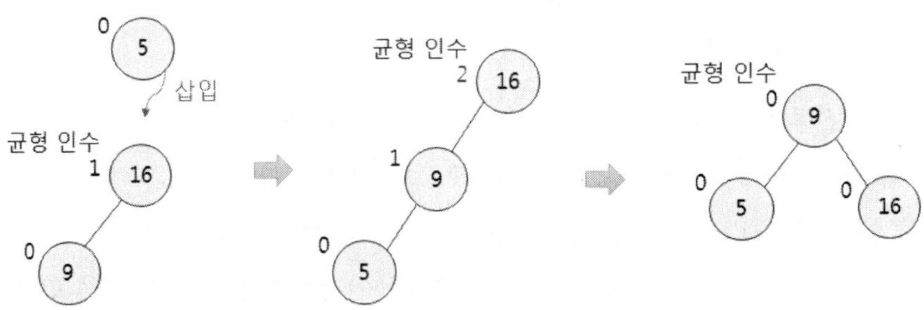

그림 9-10 삽입에 의한 균형 인수 변화 예

이처럼 AVL 트리에서의 삽입 및 삭제는 이진 탐색 트리와 같은 방법으로 수행되며 균형 인수를 계산하여 필요한 경우에 회전하여 서브 트리의 높이를 맞추어 준다.

균형 인수를 맞추는 회전은 한 번의 회전을 수행하는 단순 회전(Single Rotation)과 두 번의 회전을 수행하는 이중 회전(Double Rotation)이 있으며, 균형 인수의 불균형이 발생한 요인에 따라 네 가지의 방법이 있다.

먼저 단순 회전의 종류를 알아보자. 단순 회전은 불균형이 발생한 노드들 중에서 단말과 가장 가까운 노드를 기준으로 수행한다.

LL회전은 불균형이 발생한 상황이 어떤 노드의 왼쪽 자식 노드와 그의 왼쪽 자식 노드에 의한 상황(Left Left situation)인 경우의 회전을 말한다. 그림 9-11에서 노드 9의 균형 인수가 2가 되는 것은 왼쪽 서브 트리에 왼쪽 자식 노드로 새로운 삽입이 일어나기 때문이다. 이때 불균형이 발생한 노드 9를 오른쪽으로 회전한다. LL회전을 오른쪽 회전(right rotation)이라고도 한다. 노드 9가 회전되면서 노드 5가 부모 노드가 되고 노드 9는 그의 오른쪽 자식으로 변경된다. 이때 노드 5의 오른쪽 자식 노드는 노드 9의 왼쪽 자식 노드로 붙여준다. 노드 9의 왼쪽 서브 트리에 위치한 모든 노드는 9보다 더 작기 때문에 이와 같은 변경 후에도 이진 탐색 트리의 속성이 유지된다.

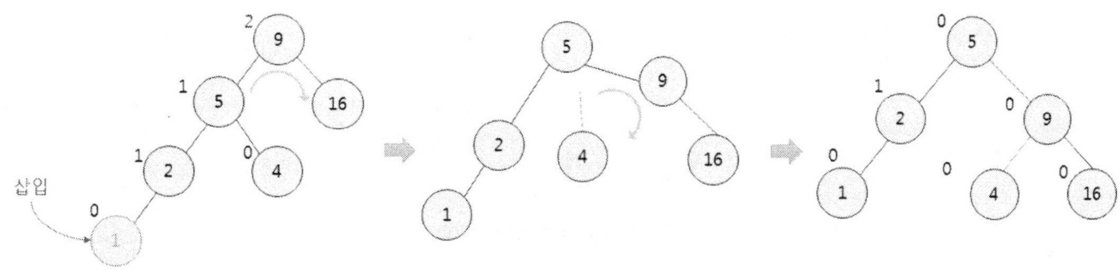

그림 9-11 LL회전의 예

LL회전을 일반화하여 나타내면 그림 9-12와 같다. 불균형이 발생한 노드를 오른쪽으로 회전하는 것은 서브 트리 T4를 아래쪽으로 당기는 것과 같다. 따라서 T1~T4를 같은 레벨로 맞추고 T3는 회전한 노드의 왼쪽 서브 트리로 변경하는 것으로 이해할 수 있다.

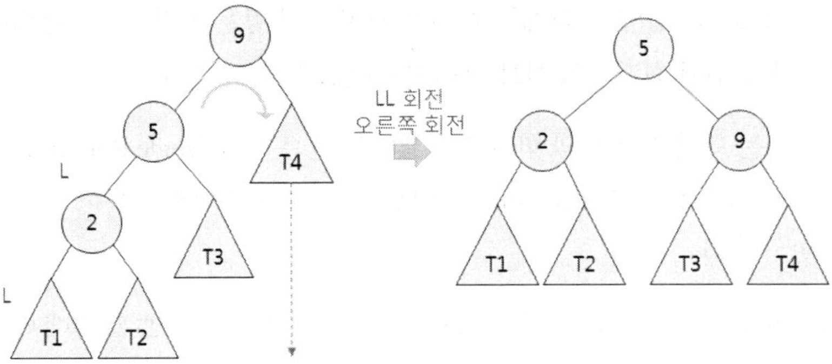

그림 9-12 LL회전

RR회전은 불균형이 발생한 노드의 오른쪽 자식 노드에 오른쪽의 자식 노드가 변화(Right Right situation)되면서 균형 인수가 깨어지는 상황이다. 그림 9-13과 같이 노드 9는 오른쪽 서브 트리의 오른쪽으로 단말 노드가 삽입되면서 균형 인수가 -2로 변경되었다. 노드 9를 왼쪽으로 회전하고, 그 자식 노드인 16의 왼쪽 자식 노드를 자신의 오른쪽 자식 노드로 가져와서 균형을 맞춘다.

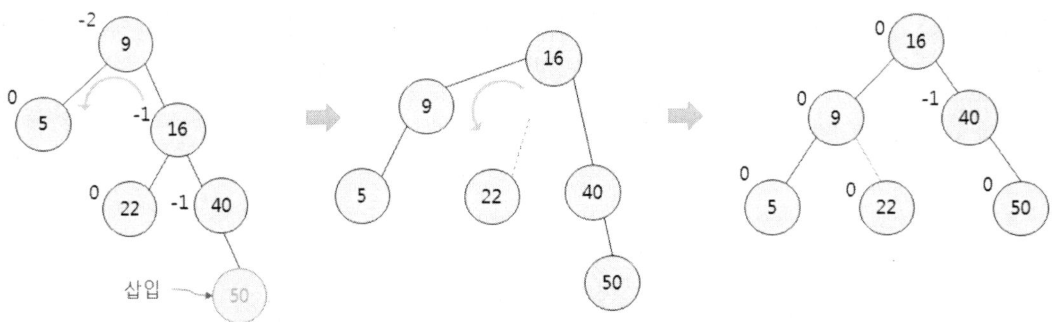

그림 9-13 RR회전의 예

RR회전을 일반화한 그림 9-14를 보면 서브 트리 T4를 아래쪽을 당겨서 다른 서브 트리와 레벨을 맞추고 레벨이 높아진 노드 16의 왼쪽 서브 트리를 노드 9의 오른쪽 서브 트리로 변경한다. LL회전과 마찬가지로 이진 탐색 트리의 속성은 그대로 유지된다.

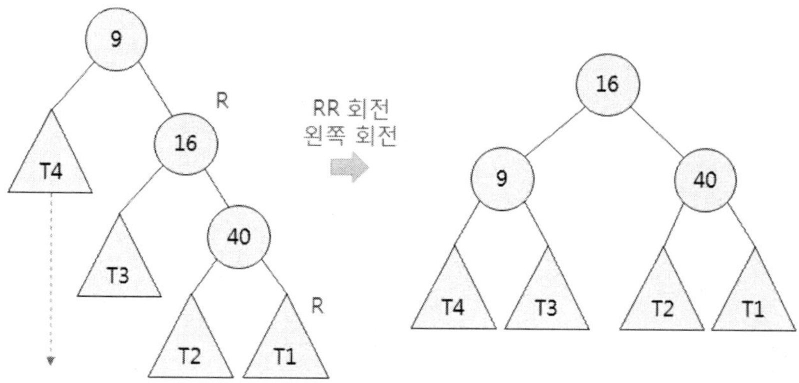

그림 9-14 RR회전

이제 두 번의 회전이 일어나는 이중 회전의 종류를 알아보자. 불균형이 발생한 노드에 왼쪽 서브 트리의 오른쪽 자식 노드가 삽입된 상황을 LR회전, 오른쪽 서브 트리의 왼쪽 자식 노드에 의한 불균형 상황을 RL회전이라고 한다. 이중 회전은 불균형이 발생한 하위 노드에서 먼저 회전을 수행하여 단순 회전의 상황이 되면 그에 맞는 단순 회전을 한번 더 실행하여 균형을 맞춘다.

그림 9-15는 LR회전의 경우이며 먼저 RR회전을 수행하고 다시 LL회전하게 된다. 즉 불균형이 발생한 노드의 하위 구간인 노드 7을 왼쪽으로 회전하여 서브 트리 T1의 레벨을 T2와 맞춘다. 그러면 LL회전의 상황이 되므로, T4를 아래로 당겨서 노드 9를 오른쪽으로 회전하면 균형이 맞추어진다.

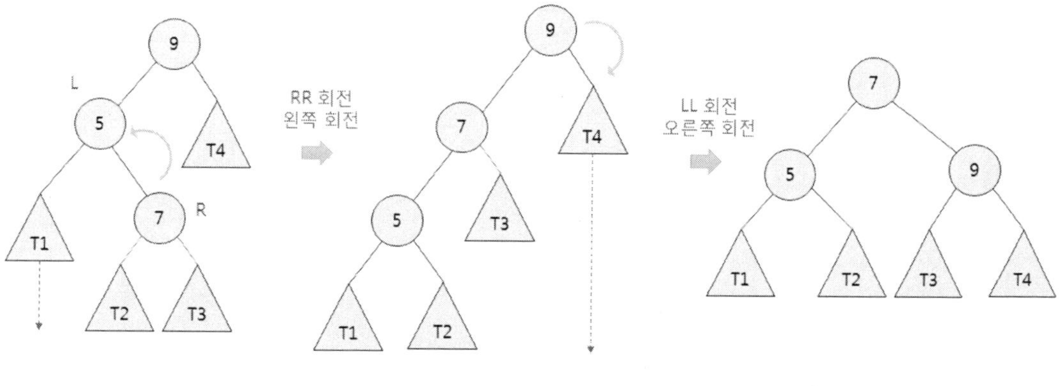

그림 9-15 LR회전

그림 9-16은 RL회전으로 오른쪽 서브 트리에 삽입되는 왼쪽 자식 노드에 의한 불균형 상황이다. 먼저 노드 10을 오른쪽 회전하고 노드 9를 왼쪽 회전하여 균형을 맞춘 것을 볼 수 있다.

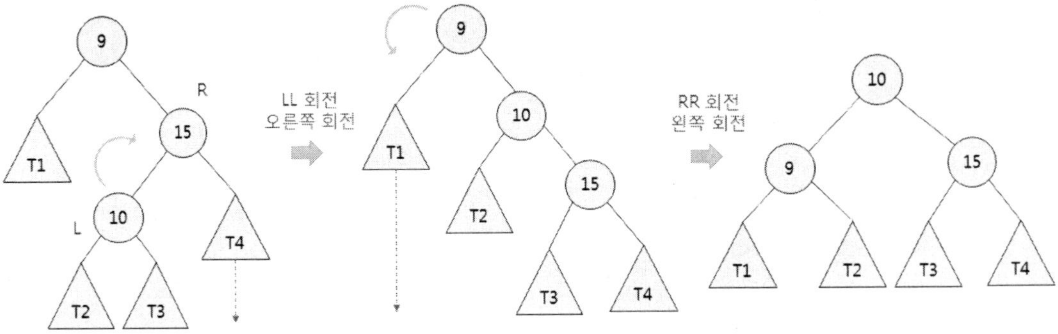

그림 9-16 RL회전

AVL 트리는 이진 탐색 트리의 일종이므로 삽입, 삭제 연산의 시간 복잡도 역시 높이에 비례하여 $O(h)$이다. 노드가 n개인 AVL 트리는 높이가 $\log n$이다. 따라서 연산의 시간 복잡도는 $O(\log n)$으로 나타낼 수 있다. 이러한 특징에 의해서 AVL 트리는 이진 탐색의 효율성을 가지고 삽입, 삭제 등이 이루어지는 균형 이진 탐색 트리의 자료구조로 활용된다.

1. 이진 탐색 트리에 대한 설명으로 잘못된 것을 모두 고르시오.

① 이진 탐색 트리는 순환적으로 정의되어 각 서브 트리도 이진 탐색 트리가 된다.
② 이진 탐색 트리는 특정 값의 탐색을 목적으로 하므로 모든 노드가 항상 다른 키 값을 가질 필요는 없다.
③ 이진 탐색 트리에 계속 증가하는 값을 삽입하면 탐색 시간 복잡도가 증가하기 때문에 AVL 트리를 사용한다.
④ 정렬되지 않은 리스트의 값들을 이진 탐색 트리로 생성하여 전위 순회하면 정렬 리스트를 구할 수 있다.

2. 이진 탐색 트리에서 가장 작은 값과 가장 큰 값을 찾는 함수이다. 빈 칸을 채우시오. 트리의 각 노드는 9.3절의 TNode로 구현된다고 가정한다.

```
def search_max_bst(n):      #최대 값의 노드 탐색
    while n != None and (1)
        n = n.right
    return n

def serach_min_bst(n):      #최소 값의 노드 탐색
    while (2)
        (3)
    return n
```

3. 다음 이진 탐색 트리에서 루트 노드인 키 값 8의 노드를 삭제하고자 한다. 삭제할 노드가 두 개의 자식 노드를 가지고 있으므로 는 경우에 전임자 노드나 후임자 노드를 선택하여 삭제 연산을 수행해야 한다. 이때 두 가지 경우에 대해서 삭제 후 트리의 형태를 각각 그림으로 나타내시오.

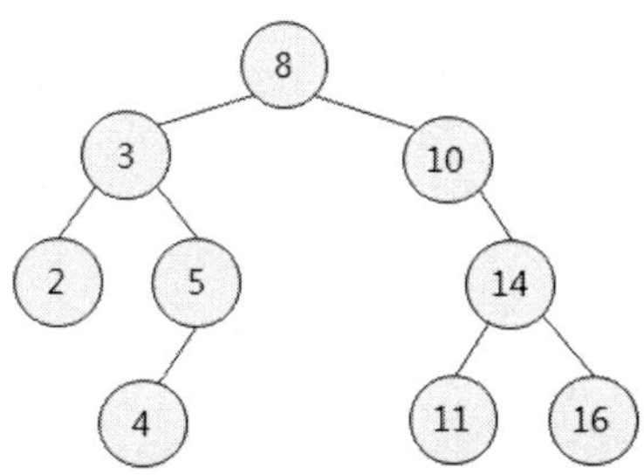

4. 균형 이진 탐색 트리(AVL 트리)에서 키 값의 노드를 탐색하는 시간 복잡도를 빅오 표기법으로 나타내고 그 이유를 설명하시오.

5. 공백 상태인 AVLl 트리에 다음과 같은 순서로 노드를 추가하였을 때 생성되는 AVL 트리를 그림으로 나타내시오.

   3, 2, 1, 4, 5, 6, 7, 20, 10

Chapter 10

그래프 : 목적에 맞게 연결하기

10.1 그래프의 이해

실세계에서 다루는 정보는 서로 다양한 관계로 연관되어 있다. 예를 들어서 차량의 네비게이션을 생각해 보자. 실제 지역과 지형, 도로망 등을 소프트웨어로 구현하여 서비스하고 있다. 이때 각 지역은 고정된 위치 정보이며 도로망의 구성이나 차량 속도 등은 유동적인 정보이다. 그러나 하나의 지도 형태로 다루어야 길 안내 등이 가능한 어플리케이션이 될 수 있다.

그래프는 여러 형태의 자료들을 구조화하여 문제를 해결할 수 있는 가장 자료구조로써 많은 영역에 활용된다. 반면에 스택이나 큐와 같은 선형 구조는 항목들의 순서를 나타내는데 편리하며, 트리는 계층적인 구조를 나타내는 데 활용하기에 적합하다. 물론 어떤 자료구조가 어떠한 응용에 국한되어 사용되는 것은 아니다.

그림 10-1과 같이 지도 상에서 관심 있는 지역들과 연결되는 도로 등을 나타내기 위해서는 단순한 선형 구조나 계층 구조 등으로는 표현하기가 어렵다. 각 지역을 정점으로 생각하고 그들을 연결하는 선으로 표현하면 논리적으로 간략화된 지도를 나타낼 수 있다. 이러한 구조를 그래프라고 하며, 정점이나 연결선은 어떤 규칙이나 순서가 없이 상황이나 필요성에 의해서 가변적으로 구성된다.

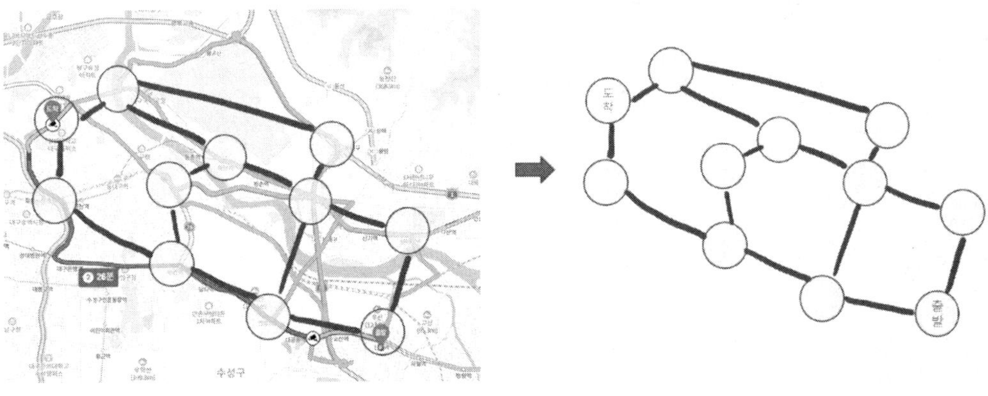

그림 10-1 지도를 간략하게 표현한 그래프 형태

이처럼 그래프는 정점들과 연결선으로 표시하는데, 정점과 연결선은 서로 다른 성질의 자료이므로 각각을 개별 집합으로 나타낸다.

그래프 G는 (V, E)로 표시할 수 있으며, V는 정점(vertex) 또는 노드(node)의 집합이며, E는 간선(edge) 또는 링크(link)로써 정점들의 연결 관계를 의미한다. 두 정점이 연결되어 있다면 그사이의 간선이 존재하고 그렇지 않으면 간선이 없다. 여기에서 간선의 방향이 정해져 있다면 방향 그래프이며, 그렇지 않으면 무방향 그래프이다.

그림 10-2에서 그래프를 정의하는 방법을 구체적으로 살펴보자. 그래프 G1과 G2는 각각을 구성하는 정점과 간선의 집합으로 나타난다. 두 그래프는 무방향 그래프이며, 정점과 간선 집합의 원소가 모두 같으므로 G1과 G2는 서로 같다. 그림을 이용한 그래프의 시각적 표현은 이해를 돕기 위한 것이며, 자료구조에서 다루어지는 그래프는 정점과 간선의 집합이다(집합은 원소가 중복되지 않으며, 원소 간의 순서도 없는 자료이다).

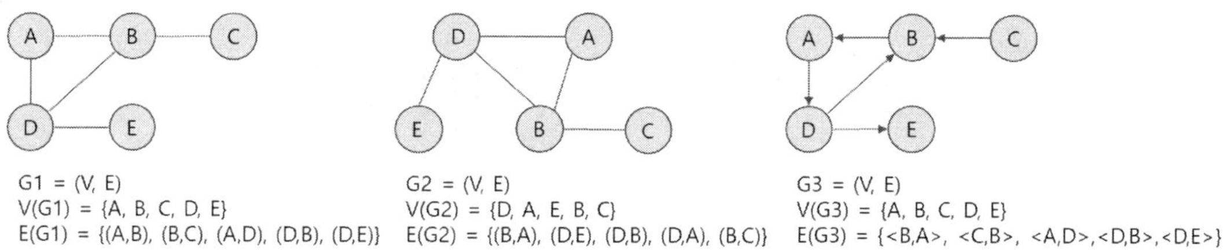

그림 10-2 그래프의 예

무방향 그래프에서 간선은 양방향으로 이동할 수 있음을 의미하며 그림 10-2에서 G1과 G2의 간선 (A,B)와 (B,A)는 같은 것이다. 방향 그래프 G3에서는 간선을 화살표로 표시하며 간선 <B,A>는 <A,B>와는 달리 두 정점 A와 B로 이동하는 방향이 반대이므로 구분하여 사용해야 한다.

그래프의 경로는 간선을 따라서 이동할 수 있는 길을 나타내며 정점들을 나열하여 표시한다. 무방향 그래프에서 어떤 정점 s로부터 또 다른 정점 e까지의 경로는 연결된 간선들을 따라서 이동할 수 있는 경로 상의 정점들을 나열하여 $s, v_1, v_2, \ldots, v_k, e$로 나타낼 수 있다. 방향 그래프에서는 이동 방향을 고려하여 정점 s와 e를 연결하는 경로 상의 정점들을 나열한다.

경로의 길이는 임의의 경로를 구성하는 간선의 수이다. 가중치 그래프는 간선에 비용, 이동시간과 같은 가중치를 할당하기 때문에 경로의 길이를 가중치의 합으로 나타낸다.

그래프를 메모리에 저장하는 방법은 여러 가지가 있으나 인접 행렬을 알아보자. 인접 행렬은 2차원 배열의 형태로 두 정점을 연결하는 간선의 유무를 행렬로 표현한 것이다. 즉 인접 행렬 M에서 행과 열의 인덱스를 각각 i와 j라고 할 때, 간선 (i, j)가 존재한다면 $M[i][j] = 1(true)$로 그렇지 않다면 $M[i][j] = 0(false)$로 나타낸다. 만약 가중치 그래프라면 1과 0 대신에 해당 간선의 가중치 값을 표시한다. 간선이 존재하는 두 정점을 인접 정점이라고 하다.

그림 10-3은 여러 가지 그래프의 인접 행렬 표현을 나타낸다. 편의 상 인접 행렬의 행과 열을 정

점의 값으로 나타내었다. 그림 10-3 (a)의 경우는 방향 그래프이면서 간선에 가중치가 할당되지 않았으므로 두 정점 사이에 간선이 존재하면 해당 행렬 요소의 값을 1로 그렇지 않으면 0으로 나타내었다. 그림 10-3 (b)는 가중치가 할당된 무방향 그래프로 인접 행렬에서 간선이 존재하면 가중치 값을 저장한다.

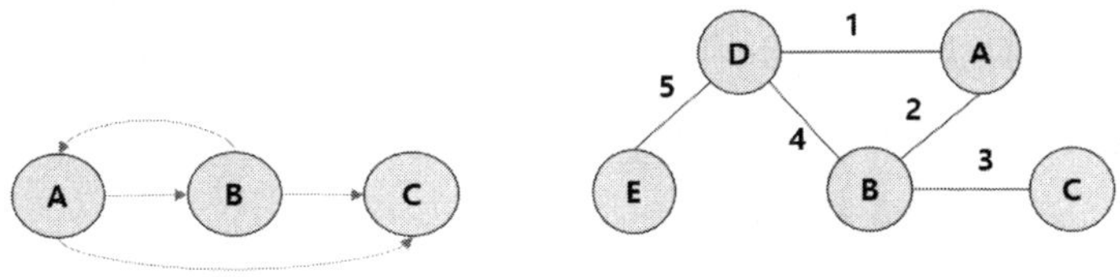

	A	B	C
A	0	1	1
B	1	0	1
C	0	0	0

(a)

	A	B	C	D	E
A	0	2	0	1	0
B	2	0	3	4	0
C	0	3	0	0	0
D	1	4	0	0	5
E	0	0	0	5	0

(b)

그림 10-3 그래프의 인접 행렬 예

그래프의 모든 정점이 간선으로 연결된 상태를 완전 그래프라고 하며, 이때 정점이 n개인 무방향 완전 그래프라면 $n(n-1)/2$개의 간선을 가질 것이다. 방향 그래프의 경우는 최대 $n(n-1)$개의 간선을 가질 수 있다.

연결 그래프는 모든 정점들을 연결할 수 있는 경로가 존재하는 그래프를 말한다. 그래프의 경로에서 시작되는 정점과 종료 정점이 같은 경우에는 사이클이라고 한다. 트리는 임의의 한 정점에서 다른 모든 정점으로 이동할 수 있는 경로가 존재하면서 사이클이 없는 연결 그래프라고 할 수 있다.

10.2 신장 트리

어떤 그래프의 모든 정점 또는 일부 정점들을 연결하는 부분 그래프를 여러 개를 만들 수 있다. 그중에서 모든 정점을 연결하면서 사이클이 없는 부분 그래프를 신장 트리(spanning tree)라고 한다. 그림 10-4에서 그래프 G를 통해서 생성할 수 있는 신장 트리의 몇 가지 예를 볼 수 있다. 그래프 G는 5개의 정점으로 이루어져 있으며, 세 가지의 신장 트리는 모든 정점을 연결하는 간선으로 구성된다. 여기에서 신장 트리의 간선은 세 경우 모두 4개이다. 즉, 그래프의 정점을 모두 연결하는 간선은 정점보다 1개가 적은 개수로 구성된다.

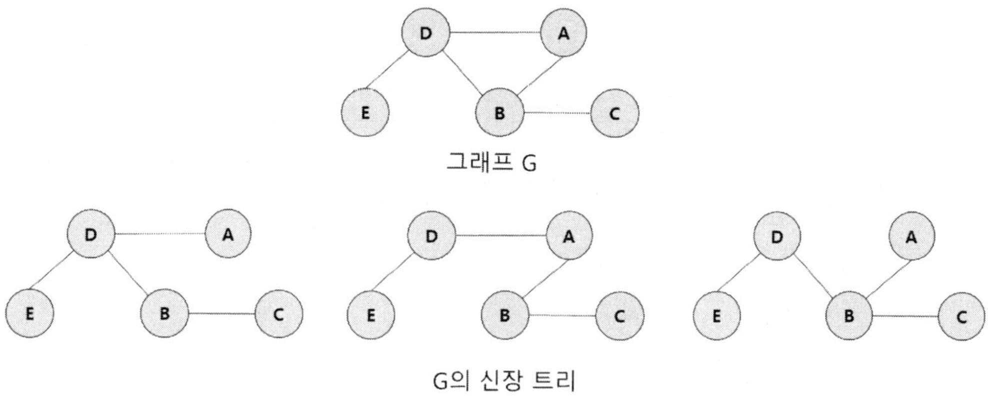

그림 10-4 신장 트리의 예

이처럼 신장 트리는 정점이 n개인 그래프에서 n-1개의 간선을 남겨서 트리로 만든 것이다. 트리 구조이므로 모든 정점은 연결된 상태이다. 어떤 그래프에서 신장 트리를 생성하기 위해서는 깊이우선탐색이나 너비우선탐색을 사용하여 모든 정점을 방문하면서 이동할 수 있는 간선의 집합을 찾는다.

큐를 이용한 너비우선탐색을 통해서 인접 행렬로 나타낸 그래프의 신장 트리를 만드는 예를 그림 10-5를 통해서 알아보자.

탐색을 시작할 정점을 'D'라고 가정한다. 방문한 정점을 나타내는 리스트를 생성하고 해당 인덱스의 정점을 방문하였다면 True로 그렇지 않다면 False로 나타낸다. 이 리스트는 False로 초기화 될 것이다.

인접 행렬에서 1로 표시된 정점은 간선이 존재하기 때문에 정점 'D'의 행에서 방문이 가능한 모든 정점의 방문 여부를 True로 갱신하고 차례로 큐에 삽입한다. 그림 10-5에서 정점 'D'와 연결된 정점 'A','B','E'의 순으로 큐에 삽입된다. 즉 한 정점에서 이동 가능한 정점을 모두 찾아서 큐에 삽입하면서 방문하였음을 표시한다.

정점 'D'에서 연결된 간선을 모두 찾았으므로 큐에서 한 번 삭제하여 정점 'A'를 얻어서 방문하지 않았으면서 연결된 정점을 탐색한다. 인접 행렬에서 'A'행의 'B'와 'D'가 연결되어 있으나(1로 표시) 이미 방문하였으므로 새로운 연결 정점이 발견되지 않는다. 다시 큐의 삭제를 통해서 정점 'B'에서 연결되면서 방문하지 않은 정점인 'C'를 탐색하여 신장 트리를 생성한다.

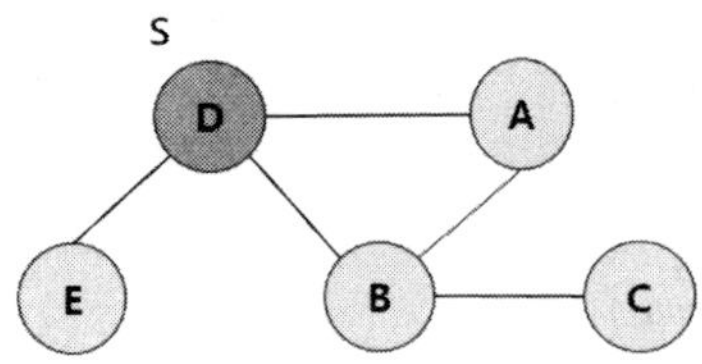

	0	1	2	3	4
vtx	'A'	'B'	'C'	'D'	'E'
visited	False	False	False	True	False

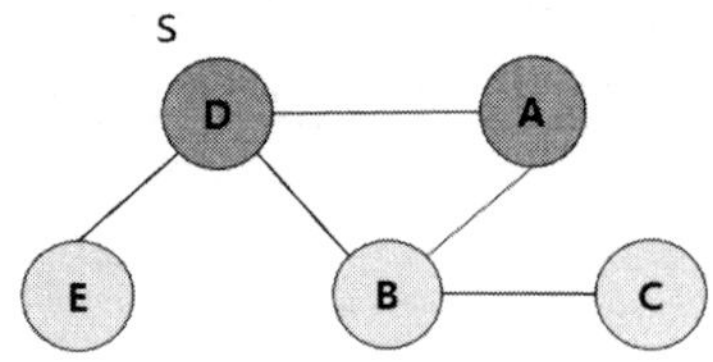

	0	1	2	3	4
vtx	'A'	'B'	'C'	'D'	'E'
visited	True	False	False	True	False

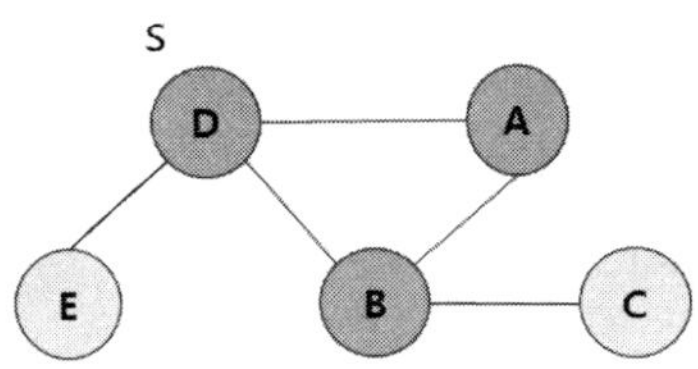

	0	1	2	3	4
vtx	'A'	'B'	'C'	'D'	'E'
visited	True	True	False	True	False

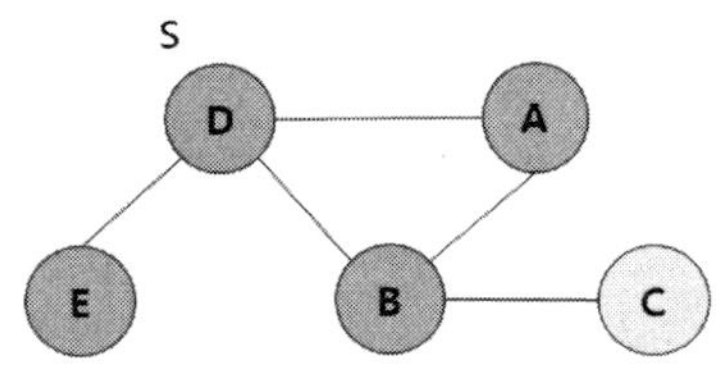

	0	1	2	3	4
vtx	'A'	'B'	'C'	'D'	'E'
visited	True	True	False	True	True

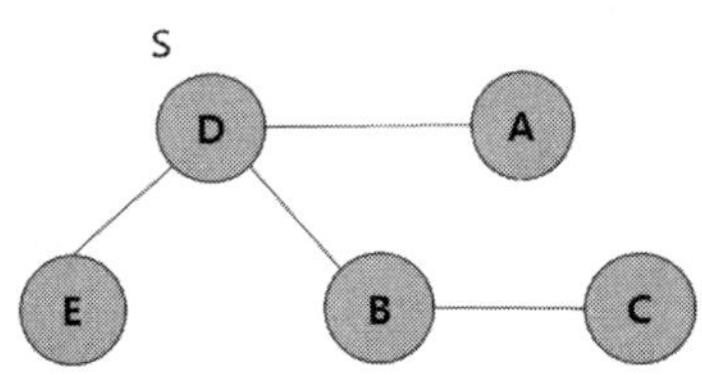

	0	1	2	3	4
vtx	'A'	'B'	'C'	'D'	'E'
visited	True	True	True	True	True

adj

		A	B	C	D	E
		0	1	2	3	4
A	0	0	1	0	1	0
B	1	1	0	1	1	0
C	2	0	1	0	0	0
D	4	1	1	0	0	1
E	5	0	0	0	1	0

그림 10-5 너비우선탐색을 이용한 신장 트리 찾기의 예

이와 같은 과정을 구현하는 예를 살펴보자. 큐를 사용하기 위해서 파이썬에서 제공하는 queue 모듈의 Queue 클래스를 import한다. 그리고 너비우선탐색을 수행하는 함수 bfs()를 정의한다. bfs()는 인접 행렬과 정점의 리스트, 시작 정점을 이용하여 신장 트리를 구성하는 간선을 차례로 출력한다.

```
from queue import Queue

def bfs(adj, vtx, s):
    q = Queue()
    q.put(s)
    visited = [False]*len(vtx)
    visited[s] = True
    while not q.empty() :
        s = q.get()   #큐에서 정점을 얻어온다.
        for v in range(len(vtx)) :
            if visited[v]==False and adj[s][v] != 0 :
                q.put(v)  #간선이 존재하면 큐에 삽입한다.
                visited[v] = True  #방문한 정점임을 표시한다.
                print('(', vtx[s], vtx[v],')', end=' ')  #간선의 출력
```

그림 10-5의 그래프에서 정점과 인접 행렬을 각각 리스트로 생성하고, 탐색을 시작하는 정점의 인덱스를 bfs()함수에 전달하여 신장 트리의 간선을 출력한 결과를 확인해 보자. 그리고 시작 정점을 변경하여 신장 트리를 구성해 보고 그 실행 결과를 확인해 보자.

다음의 테스트 예에서 시작 정점에서 너비우선탐색으로 서로 다른 간선으로 구성되는 신장 트리가 생성됨을 알 수 있다.

```
vtx =    ['A','B','C','D','E']
adj =  [[ 0,  1,  0,  1,  0 ],
        [ 1,  0,  1,  1,  0 ],
        [ 0,  1,  0,  0,  0 ],
        [ 1,  1,  0,  0,  1 ],
        [ 0,  0,  0,  1,  0 ]]
print('D에서 탐색 시작')
bfs(adj, vtx, 3), print()
print('A에서 탐색 시작')
bfs(adj, vtx, 0)

- 결과 -
D에서 탐색 시작
( D A ) ( D B ) ( D E ) ( B C )
A에서 탐색 시작
( A B ) ( A D ) ( B C ) ( D E )
```

이처럼 한 개의 그래프에서 신장 트리는 그래프의 모든 정점을 사이클이 없이 연결하는 간선의 집합을 찾는 것이며 한 그래프에서 여러 개의 서로 다른 신장 트리를 만들 수 있다,

10.3 최소비용 신장 트리

어떤 도시의 통신 네트워크를 구성하고자 할 때, 모든 건물을 빠짐없이 연결하는 신장 트리를 활용할 수 있다. 이때, 건물들의 연결 경로에 따라서 비용이 책정되어 있다면 가장 적은 비용으로 신장 트리를 구성하고자 할 것이다. 이것을 최소비용 신장 트리(minimum spanning tree)라고 하며 실제 통신 네트워크, 도로 건설, 배관 건설, 전기 회로 등의 설계 시에 모든 지점을 최소의 비용으로 연결하되 방향을 고려할 필요성이 없을 때 최소비용 신장 트리를 활용한다.

이와 같이 최소비용 신장 트리는 무방향 가중치 그래프이며, 간선의 가중치 합이 최소인 신장 트리이다. 여기에서 가중치는 비용, 거리, 시간 등을 의미한다.

최소비용 신장 트리를 구하는 크루스칼(Kruskal) 알고리즘을 살펴보자.

크루스칼 알고리즘은 임의의 그래프에서 정점만 남겨 둔 상태에서 가중치가 가장 낮은 간선을 골라서 삽입해 나가는 알고리즘이다. 간선을 고르는 각 단계에서 최선이라고 여겨지는 가장 낮은 가중치의 간선을 선택하여 최종적으로 최소비용의 신장 트리를 만들어 내는 탐욕적 기법(greedy method)이다. 결과로 생성되는 부분 그래프가 항상 최소비용 신장 트리임이 증명된 알고리즘이다.

■ 크루스칼 알고리즘의 단계별 수행 과정

① 주어진 모든 간선을 가중치의 오름차순으로 정렬한다.
② 정렬된 간선을 순서대로 선택하여 사이클이 발생하지 않은 경우, 최소 신장 트리에 삽입하고 사이클이 발생한 경우, 최소 신장 트리에 포함하지 않는다.
③ 최소비용 신장 트리에 n-1개의 간선이 삽입될 때까지 ②를 반복한다.

그림 10-6의 예에서 간선들을 가중치 오름차순으로 정렬한 리스트를 볼 수 있다. 이 그래프는 6개의 정점으로 이루어져 있으므로 최소비용 신장 트리는 5개의 간선으로 구성될 것이다.

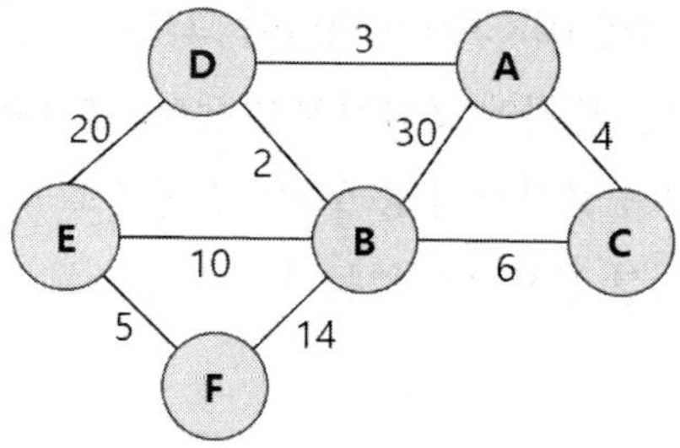

BD	AD	AC	EF	BC	BE	BF	DE	AB
2	3	4	5	6	10	14	20	30

그림 10-6 가중치 오름차순으로 정렬한 간선 리스트

정렬된 간선들에서 가중치가 작은 순서로 최소비용 신장 트리에 삽입하는 과정을 그림 10-7에서 확인해 보자. 개념적으로 그래프에서 정점만 남긴 상태에서 간선을 선택하여 연결하였을 때 사이클이 발생되지 않으면 그 간선을 삽입하는 과정을 반복한다. 첫 번째 간선 (B,D)부터 네 번째 간선 (E,F)까지는 모두 사이클을 발생하지 않으므로 각 인접 정점을 연결하여 최소비용 신장 트리를 만드는 과정이다.

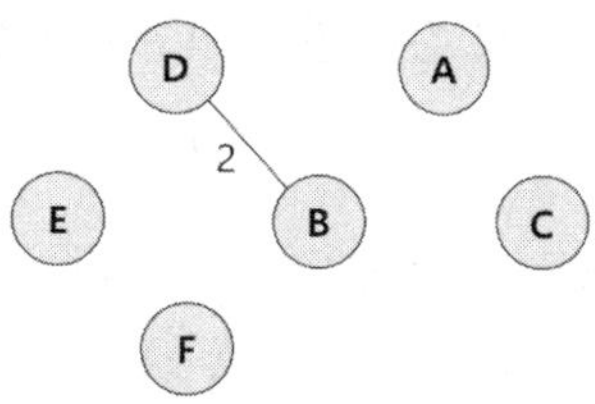

BD	AD	AC	EF	BC	BE	BF	DE	AB
2	3	4	5	6	10	14	20	30

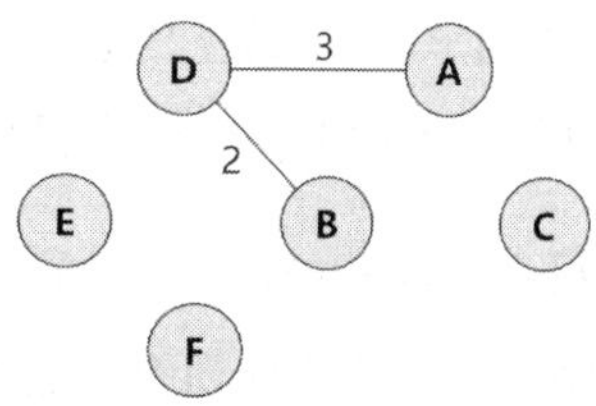

BD	AD	AC	EF	BC	BE	BF	DE	AB
2	3	4	5	6	10	14	20	30

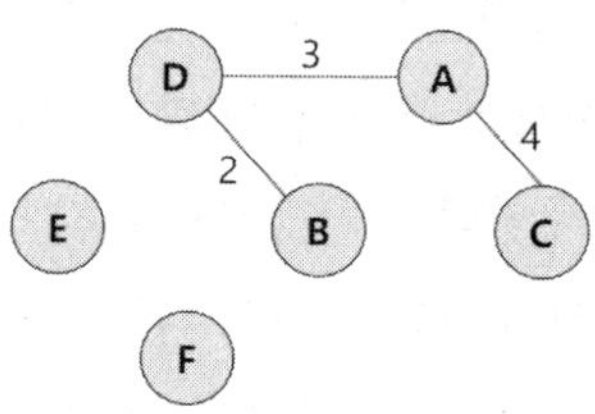

BD	AD	AC	EF	BC	BE	BF	DE	AB
2	3	4	5	6	10	14	20	30

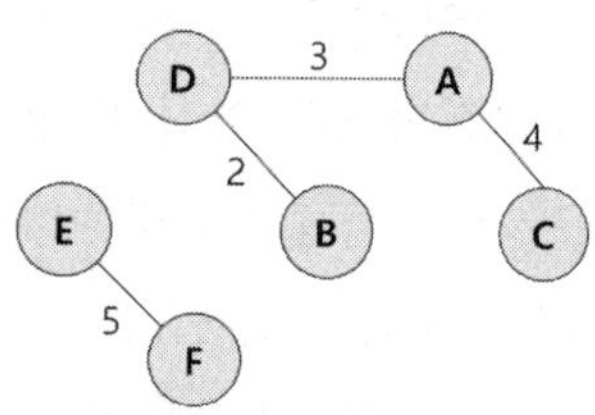

BD	AD	AC	EF	BC	BE	BF	DE	AB
2	3	4	5	6	10	14	20	30

그림 10-7 크루스칼 알고리즘의 간선 삽입 과정(1)

그림 10-8 (a)와 같이 다음 간선인 (B,C)를 선택하여 그래프에 삽입한다면 사이클이 형성되기 때문에 이 간선은 최소비용 신장 트리에 포함하지 않는다. 그리고 (b)에서 간선 (B,F)는 사이클이 발생하지 않으므로 이 간선을 포함시켜 총 5개의 간선으로 구성되는 최소비용 신장 트리가 완성된다. 나머지 간선은 더 이상 검사하지 않는다.

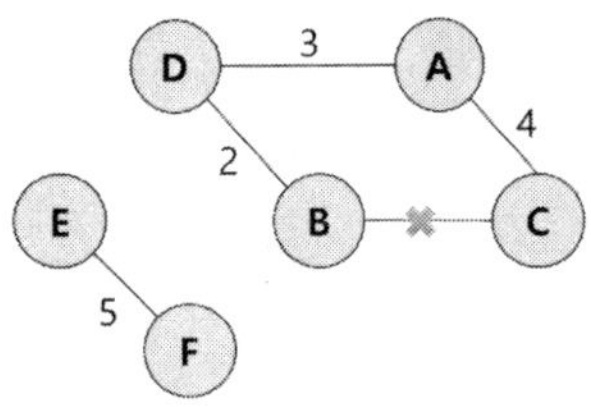

BD	AD	AC	EF	BC	BE	BF	DE	AB
2	3	4	5	6	10	14	20	30

(a)

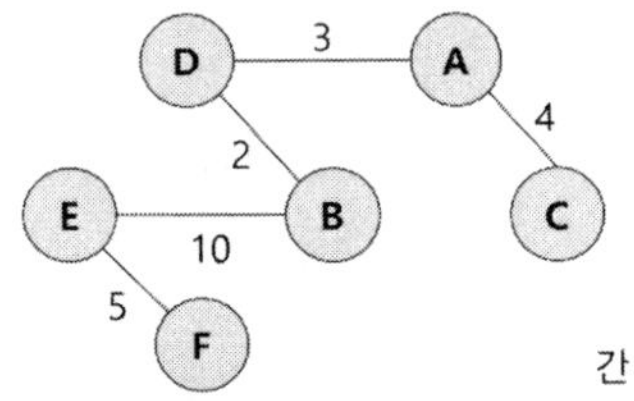

BD	AD	AC	EF	BC	BE	BF	DE	AB
2	3	4	5	6	10	14	20	30

(b)

그림 10-8 크루스칼 알고리즘의 간선 삽입 과정(2)

크루스칼 알고리즘은 직관적이고 간단하지만 프로그램으로 구현하기 위해서는 어떤 간선을 포함하였을 때 사이클이 형성되는지를 검사해야 한다. 신장 트리는 용어에서도 알 수 있듯이 트리의 성격을 가지므로, 간선을 연결할 때 인접 정점들의 부모가 서로 같다면 사이클이 발생하며 그렇지 않으면 사이클이 발생하지 않는다.

그림 10-9 (a)는 간선 (A,D)를 삽입하려고 할 때이다. 정점 A는 연결되지 않은 상태이므로 자기 자신이 부모이다. 반면에 정점 D는 B와 연결되어 B가 부모이므로 두 정점은 서로 다른 부모를 가진다. 따라서 사이클이 발생하지 않는 간선 (A,D)는 포함될 수 있다.

정점의 부모를 확인하는 알고리즘을 어떻게 구현하는지를 알아보자.

정점이 연결되어 트리 구조의 부모-자식 관계를 형성하면 그 정점들을 하나의 집합으로 구성한다. 간선이 연결되면 두 인접 정점이 속한 집합을 합집합 연산으로 두 정점이 같은 집합에 속하도록 만든다. 크루스칼 알고리즘의 초기 단계는 정점만 남겨져 있다고 가정하므로 각 정점은 자신만을 원소로 하는 개별 집합이다. 그림 10-9 (a)에서 두 정점 A와 D는 서로 다른 집합에 속해 있다가 간선이 연결되어 같은 집합에 속하게 된다. 그리고 (b)에서는 두 정점 B와 C가 이미 같은 집합에 속해 있기 때문에 간선 (B,C)는 사이클을 발생시킨다.

즉 포함할 간선의 두 인접 정점이 같은 집합의 원소인지 아닌지를 구분하면 사이클 발생 여부를 확인할 수 있다. 이때 서로소 집합을 다루는 알고리즘이 union-find이다. 이 알고리즘은 트리 구조를 이용하여 원소를 합하는 union(합집합) 연산과 서로 다른 집합의 원소인지 아닌지를 판별하는 find 연산을 수행한다.

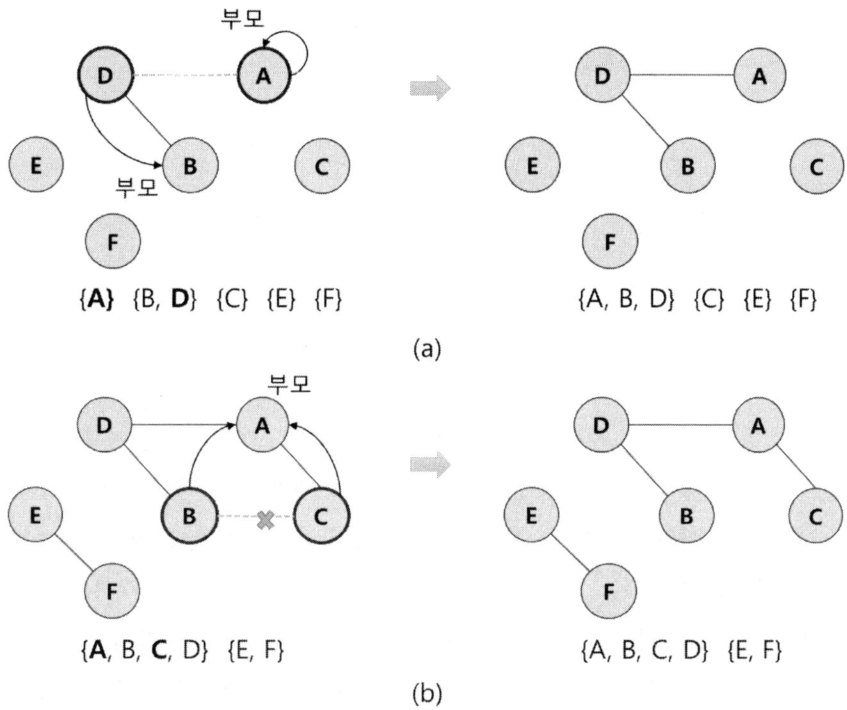

그림 10-9 간선을 추가하였을 때의 사이클 검사를 위한 집합 관계

크루스칼 알고리즘은 가중치의 순서로 정렬된 간선의 두 인접 정점을 하나씩 find 연산을 수행하여 부모가 서로 같지 않다면 union 연산을 수행하여 합해 나가는 과정이라고 할 수 있다. 두 정점이 합해지면 부모-자식의 계층을 구성하면서 최소비용 신장 트리가 완성되어 간다.

union-find 연산을 구현하는 과정을 살펴보자. 먼저 그림 10-10과 같이 그래프 내 각 정점의 부모를 표시하는 리스트를 생성하고 모든 원소가 자기 자신을 부모로 나타내도록 초기화한다. 여기에서는 인덱스의 값이 정점 자신을 나타낸다고 가정하고 0부터 5까지로 저장하여 부모가 자신임을 표시한 것이다.

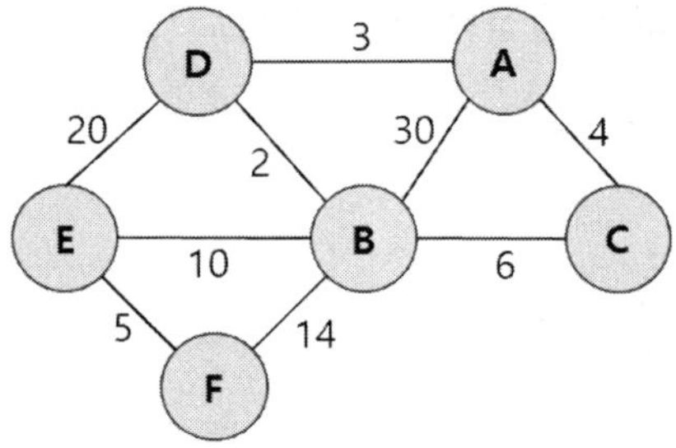

0	1	2	3	4	5
A	B	C	D	E	F
0	1	2	3	4	5

그림 10-10 정점의 부모 테이블

정렬된 간선 리스트(그림 10-7 참조)의 첫 번째 간선 (B,D)의 사이클 발생 여부를 검사한다. 간선이 포함될 때의 사이클 검사는 그림 10-11과 같이 부모 테이블을 확인하는 것이다. 정점 B와 D의 부모가 1과 3으로 서로 다르므로 사이클이 발생하지 않아 이 간선을 포함한다. 간선을 포함하는 것은 최종적으로 완성되는 최소비용 신장 트리의 정점 집합을 구성하는 것이다. 따라서 union 연산, {B}∪{D}의 결과로 합집합 {B,D}를 만든다. 트리 구성의 측면에서는 정점 B에 D가 부모-자식으로 연결되었다는 의미이므로 부모 테이블에서 D의 값을 1로 변경하여 D의 부모가 인덱스 1에 위치한 B임을 나타내도록 한다.

이제 정렬된 간선 리스트의 다음 간선인 (A,D)를 선택한다. 부모 테이블의 A와 D는 0과 1로 서로 다른 값이므로 이 간선을 포함할 수 있다. 이때, 부모 테이블에서 D의 부모는 정점 B임을 알 수 있다. 간선 (A,D)가 최소비용 신장 트리에 포함되어 A가 집합 {B,D}에 합해지므로 의 B의 부모를 0으로 변경하여 부모-자식 관계를 갱신한다. 여기서는 알파벳이 빠른 순으로 부모로 가정하였다.

간선 (A,C)의 경우는 부모 테이블에서 서로 다른 부모임을 확인하고 {A,B,D}∪{C}의 union연산을 수행하여 부모 테이블 C의 값을 0으로 변경한다. (E,F)는 서로 소의 관계이므로 이 간선도 포함하고 부모 테이블의 F를 4로 변경하여 E와 F가 부모-자식의 관계를 형성하고 같은 집합에 속하게 된다.

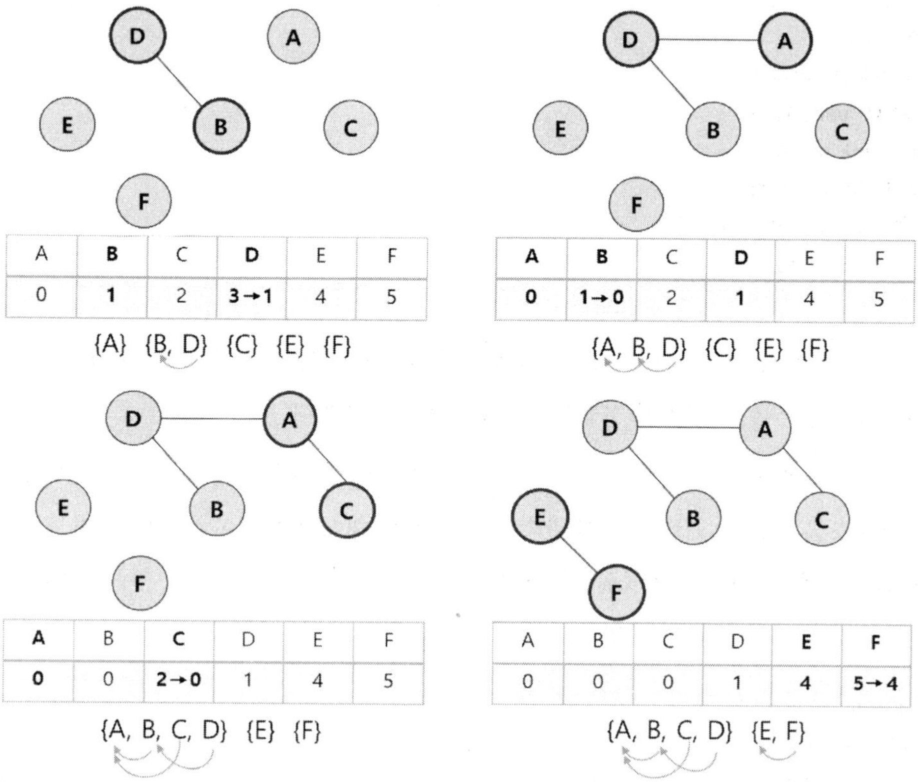

A	**B**	C	**D**	E	F
0	**1**	2	**3→1**	4	5

A	**B**	C	**D**	E	F
0	**1→0**	2	**1**	4	5

A	B	**C**	D	E	F
0	0	**2→0**	1	4	5

A	B	C	D	**E**	**F**
0	0	0	1	**4**	**5→4**

그림 10-11 간선을 추가하였을 때 사이클 검사를 위한 부모 테이블

마지막으로 포함되는 간선은 (B,E)이며 최소비용 신장 트리가 완성된다. 부모 테이블이 어떤 상태로 완성되는지 확인해 보도록 하자.

크루스칼 알고리즘을 구현하는 단계를 다음의 순서로 나누어 고려해 볼 수 있다.

■ 크루스칼 알고리즘의 구현

① 정점 n개를 가지는 그래프의 간선을 가중치 오름차순으로 정렬한다.

② 정렬된 간선 리스트에서 차례대로 간선 (i,j)에 대해서 find(i)와 find(j)의 결과가 서로 같지 않다면 union(i,j)를 수행한다.

③ union 연산으로 포함된 간선의 수가 n-1개일 때까지 ②의 과정을 반복한다.

find와 union 연산에 사용되는 부모 테이블 리스트를 parent의 이름으로 사용한다고 가정하자. parent는 여러 함수에서 공유하여야 하므로 편의상 global로 사용한다. 부모 테이블을 초기화하는 함수를 정의한다.

```
parent=[]
# 부모 테이블 초기화
def init_parent(v) :
    global parent
    parent = [0]*(v)
    for i in range(0, v):
        parent[i] = i
```

추가로 필요한 함수는 부모 테이블을 정점의 개수만큼 생성하고 초기화하는 init_parent()함수와 사이클 검사를 위한 find() 및 정점을 합하는 union() 등이다.

find()는 두 정점의 인덱스를 매개 변수로 받아서 부모 테이블에서 그 정점의 부모에 해당되는 정점의 인덱스를 반환한다. 이때 매개 변수의 값과 부모 테이블의 값이 다르면 재귀 호출을 이용하여 두 값이 같을 때까지 테이블을 검색한다. 해당 정점의 인덱스와 해당 부모 테이블의 값이 다르다는 것은 부모로 연결되는 정점이 존재한다는 것이기 때문이다.

```
def find(x):
    if parent[x] != x:
        parent[x] = find(parent[x])
    return parent[x]
```

두 정점을 합집합하는 union()의 역할은 부모 테이블에서 해당 정점의 부모를 변경하는 것이다. 즉, 간선이 최소비용 신장 트리에 포함되면 새로운 부모-자식 관계가 형성되기 때문에 해당 정점의 부모를 합해진 집합 내의 부모로 변경한다. 여기에서는 더 작은 인덱스를 부모로 가정한다.

```
def union(a, b):
    a = find(a)
    b = find(b)
    if a < b:
        parent[b] = a
    else:
        parent[a] = b
```

크루스칼 알고리즘을 구현해 보자. 함수 이름은 Kruskal이라고 하였으며, 그래프의 정점 리스트와 인접 행렬을 매개 변수로 입력받는다. 정점의 크기만큼의 리스트로 부모 테이블을 초기화하고 인접 행렬을 검사하면서 간선의 가중치 리스트를 생성한다.

가중치의 오름차순으로 정렬한 간선 정보를 인접 정점의 두 인덱스와 가중치의 튜플로 저장하고 차례대로 간선의 사이클 발생 여부를 find()로 검사한다. 그리고 최소비용 신장 트리에 포함 가능한 간선을 union()을 호출하여 신장 트리에 포함시킨다. 이미 언급한 바와 같이 union()은 간선 연결 시의 부모 테이블을 갱신하여 트리 구조를 확장해 나가는 것이다.

간선이 포함될 때마다 가중치를 합산하여 최소비용 신장 트리의 비용을 출력한다.

```
def Kruskal(vtx, adj):    #매개변수: 정점리스트, 인접행렬
    n = len(vtx)   #정점의 개수를 n으로 저장
    init_parent(n)
    edges = []   #간선 정보 (가중치, 인접정점 i, 인접정점 j) 리스트
    total_cost = 0
    for i in range(n-1):         #모든 간선을 edges 리스트에 튜블로 저장
        for j in range(i+1, n):
            if adj[i][j] != None:
                   edges.append((adj[i][j],i,j))       #튜플로 저장
    edges.sort()   # 간선을 가중치 오름차순 정렬
    n_edge=len(edges)  #정렬된 간선 리스트의 크기(갯수)
    edge_count = 0
    for a in range(n_edge):
        if edge_count == n-1 : break  #포함된 간선이 n-1개이면 break
        cost, i, j = edges[a]
        if find(i) != find(j): #두 정점의 부모가 다르면
            union(i, j)    #최소비용 신장 트리에 해당 간선 포함
            edge_count += 1        #포함된 간선의 수 1 증가
            total_cost += cost     #비용 계산
            print('간선', vtx[i], vtx[j], '삽입')
      #     print(parent)
    print('총 비용 : ', total_cost)
```

이제 정점 리스트와 인접 행렬을 할당하고 크루스칼 알고리즘을 구현한 함수를 호출하여 결과를 알아본다. 지금까지 예로 살펴본 그래프(그림 10-6)를 다음과 같이 생성하여 간선이 삽입되는 과정과 총 비용이 출력됨을 볼 수 있다.

```
vertex =  ['A', 'B', 'C', 'D', 'E', 'F']
adj    = [[None, 30,  4,   3, None, None],
          [30,  None, 6,   2,   10,  14],
          [4,    6,  None, None,None,None],
          [3,    2,  None, None, 20, None],
          [None,10,  None, 20,  None, 5],
          [None,14,  None, None, 5, None]]
Kruskal(vertex,adj)
```

10.4 최단 경로 알고리즘

최소비용 신장 트리를 찾는 알고리즘은 그래프의 모든 정점을 최소의 비용으로 빠짐없이 연결하는데 목적을 두고 있다면 최단 경로(Shortest path) 알고리즘은 어떤 정점에서 다른 모든 정점에 도달하는 경로를 찾는 것이 목적이다. 물론 찾아진 모든 경로는 최소의 비용으로 이동할 수 있는 경우이다.

그림 10-12에서 같은 두 지점을 이동하는 경로이더라도 도로망의 상황에 따라서 소요 시간이 달라지므로 최단 경로도 서로 다르게 표시되고 있다. 이와 같이 네비게이션, GPS 등에서 출발 지점과 도착 지점의 최소 소요 시간이나 비용으로 이동할 수 있는 경로를 찾아서 안내하는 등에 활용되는 알고리즘이 최단 경로 알고리즘이다.

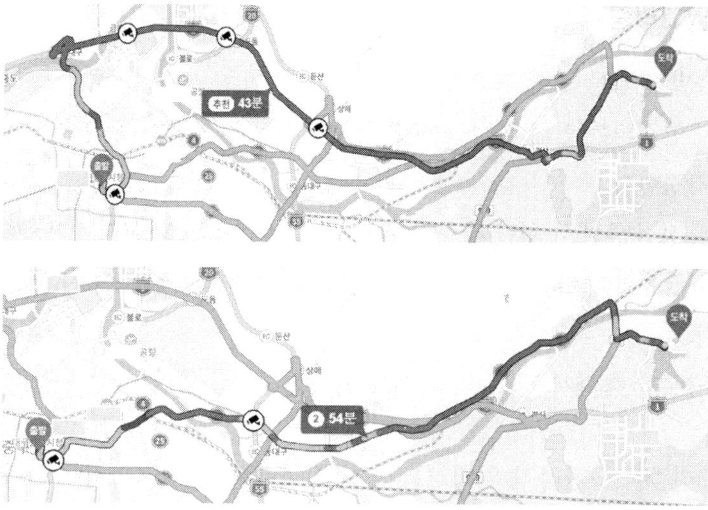

그림 10-12 최단 경로를 찾는 예

도로망에서의 소요 시간이나 비용은 그래프의 가중치로 나타낸다. 이때 무방향과 방향 그래프에 모두 적용되는 최단 경로를 찾는 알고리즘으로 다익스트라(Dijkstra) 알고리즘이 있다. 네비게이션이나 지도 상에서 최단 경로를 찾는 어플리케이션에 활용되는 대표적인 알고리즘이다.

다익스트라 알고리즘의 최단 경로를 찾는 원리를 살펴보자. 그림 10-13과 같이 두 정점 A와 B의 최단 경로는 A에서 C를 거쳐서 B로 이어지는 경로이다. A에서 B(또는 B에서 A)로 바로 이동하는 것보다 A-C-B의 경로가 가중치의 합이 더 작기 때문이다. 이와 같은 과정을 반복하여 출발 정점에서 다른 모든 정점까지의 최단 이동 경로를 찾는다. 이때 A와 B를 연결하는 경로의 최소 비용은 4로 갱신되며 다음 경로를 찾을 때 이 정보를 이용하는 것이 다익스트라 알고리즘의 동작 원리이다.

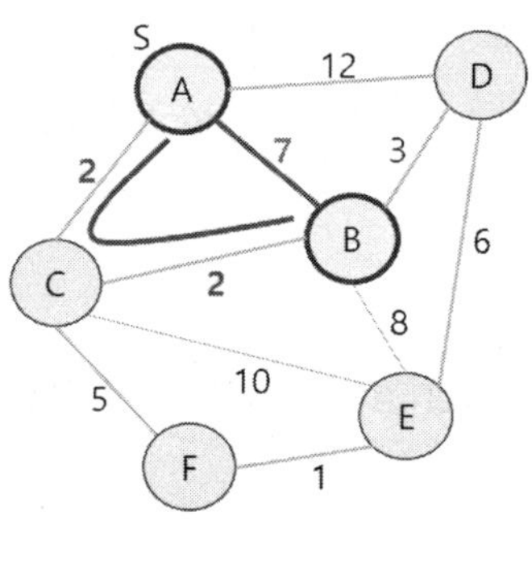

그림 10-13 다익스트라 알고리즘의 원리

■ 다익스트라 알고리즘

① 그래프에서 출발 정점을 정한다.

② 출발 정점에서 연결되는 인접 정점들까지의 최단 경로를 저장한다. 연결되지 않은 정점까지는 무한대로 가정한다.

③ 방문하지 않은 정점 중에서 최단 경로가 가장 작은 정점을 선택한다.

④ 선택한 정점을 경유하여 다른 정점으로 이동하는 가중치를 계산하여 더 작은 값으로 최단 경로를 갱신한다.

⑤ 모든 정점을 방문할 때까지 ③, ④의 과정을 반복한다.

다익스트라 알고리즘을 구현하기 위해서는 출발 정점에서 각 정점까지의 최단 경로와 방문한 정점들의 정보를 저장한다. 그리고 새롭게 선택한 정점을 경유하는 경로와 이미 정해진 최단 경로 중 더 작은 값을 결정하는 연산을 통해서 최단 경로 정보를 갱신해 나간다.

그림 10-14와 같은 그래프를 예로 들어 다익스트라 알고리즘의 최단 경로를 찾는 과정을 알아본다.

먼저 출발 정점을 A라고 하고 다른 모든 정점까지의 최단 경로 리스트를 가중치로 초기화한다. 또한 정점 A는 방문한 정점의 집합 v에 포함하여 v를 초기화한다. 최단 경로 리스트는 출발 정점에서 각 정점까지 이동하는 최소의 비용을 말한다. 여기에서 가장 작은 값을 가지는 정점을 선택하면 정점 C이며, C를 거쳐서 다른 모든 정점으로 이동하는 비용을 계산한다.

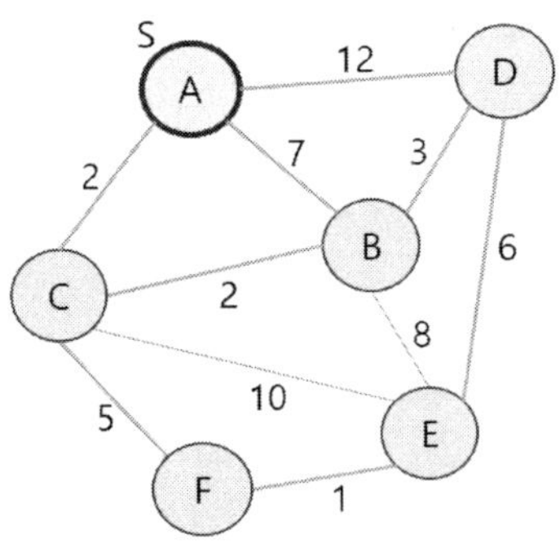

최단 경로 리스트 (dist)

A	B	C	D	E	F
0	7	2	12	INF	INF

방문한 정점 집합 (v)
v = { A }

그림 10-14 최단 경로 리스트와 방문 정점 집합의 예

이미 살펴본 바와 같이 정점 C를 거쳐서 B로 이동하는 가중치의 합으로 정점 B까지의 최단 경로를 갱신한다. 그리고 정점 D는 C를 경유하지 않으므로 최단 경로를 그대로 유지한다.

정점 E까지 C를 거쳐서 이동하는 경로의 가중치 합은 12(2+10)이므로 무한대(INF)를 12로 갱신한다. 정점 F까지의 최단 경로 역시 7(2+5)로 갱신된다.

이때 최단 경로 리스트의 값을 변경하는 과정은 다음의 수식에 의해서 이루어짐을 알 수 있다. 정점 $v_i (i = 0, ..., n-1, n$은 정점의 수$)$의 현재 최단 경로인 $dist[v_i]$와 선택된 정점 s로의 최단 경로 $dist[s]$와 v_i와 s의 가중치의 합 중에서 더 작은 값으로 $dist[v_i]$를 갱신한다. 그리고 선택한 정점 s는 방문한 정점 집합 v에 추가한다.

$$dist[v_i] = \min(dist[v_i], dist[s] + w[v_i, s])$$

그림 10-15는 정점 C를 경유하는 최단 경로로 갱신된 상태이다.

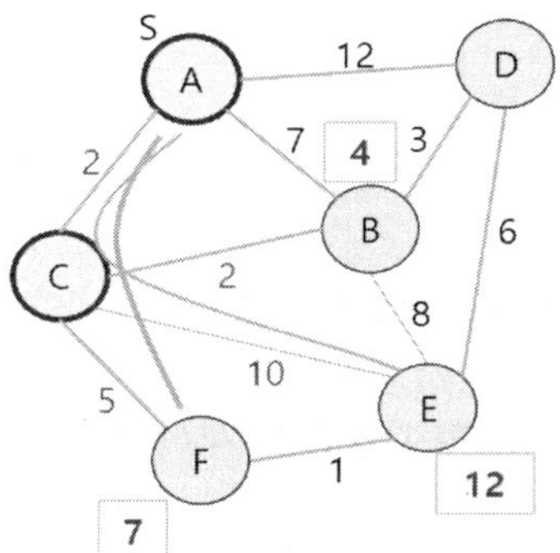

최단 경로 리스트 (dist)

A	B	C	D	E	F
0	**4**	2	12	**12**	**7**

방문한 정점 집합 (v)
v = { A, **C** }

그림 10-15 정점 C를 경유하는 최단 경로의 예

최단 경로 리스트에서 가장 작은 값은 정점 C이지만 이미 방문한 정점 집합에 속해 있으므로 그 다음으로 작은 값을 가지는 정점 B를 선택한다. 정점 B는 A에서 최단 경로가 4로 계산되어 있으며 이 정보를 그대로 이용하여 다른 정점으로의 최단 경로를 계산해 간다. 그림 10-16은 다음 단계로 정점 B를 경유하는 정점 D로의 경로가 갱신되었으며, 그 다음 단계에서 정점 D를 선택하였을 때는 최단 경로 갱신이 없음을 보여준다.

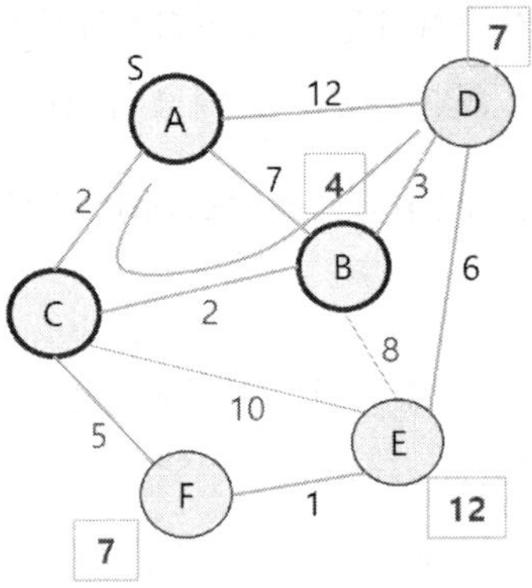

최단 경로 리스트 (dist)

A	B	C	D	E	F
0	**4**	2	**7**	**12**	**7**

방문한 정점 집합 (v)
v = { A, **C**, **B**}

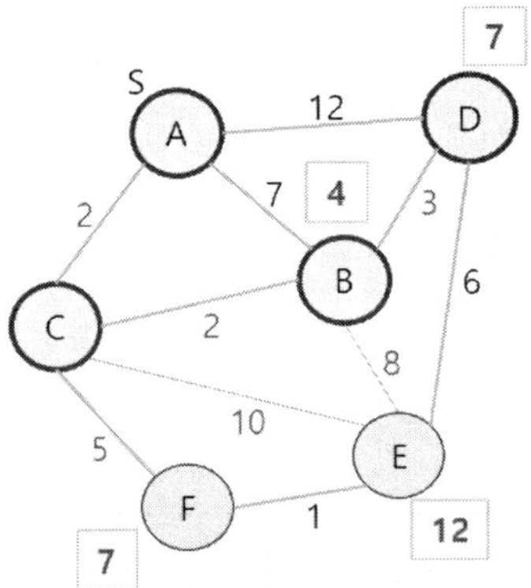

최단 경로 리스트 (dist)

A	B	C	D	E	F
0	**4**	2	**7**	**12**	**7**

방문한 정점 집합 (v)
v = { A, **C**, **B**, **D**}

그림 10-16 정점 B 및 D를 경유하는 최단 경로의 갱신 과정

이제 정점 F를 선택하고 이를 경유하여 정점 E로의 이동 경로의 가중치를 계산한다. A에서 F로의 최단 경로는 7로 저장되어 있다. F에서 E로의 간선의 가중치가 1이므로 A에서 F를 거쳐서 E로 이동하는 경로의 비용은 8(7+1)이다. 이전에 계산된 최소 비용은 12이므로 E까지의 최단 경로를 8로 갱신한다. 그리고 마지막 정점 E를 방문 정점 집합에 포함하여 최단 경로가 완성된다. 이 과정을 그림 10-17에서 확인해 보자.

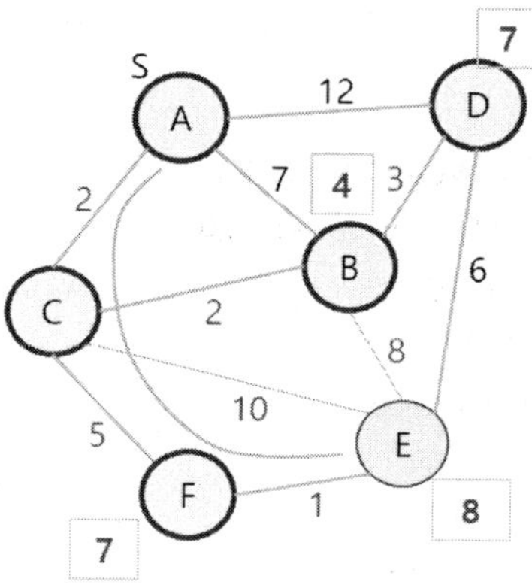

최단 경로 리스트 (dist)

A	B	C	D	E	F
0	**4**	2	**7**	**8**	**7**

방문한 정점 집합 (v)
v = { A, **C, B, D, F**}

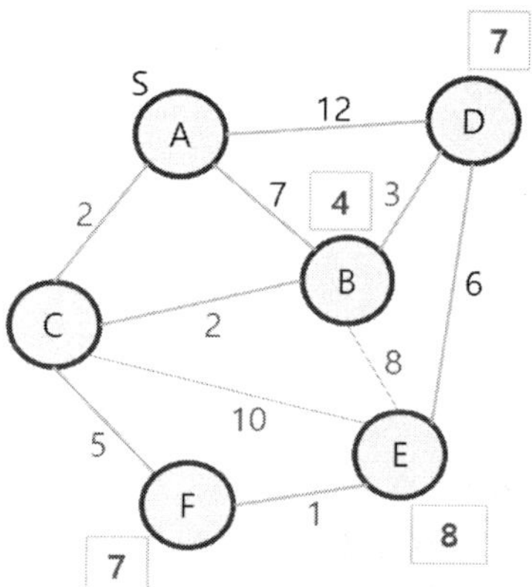

최단 경로 리스트 (dist)

A	B	C	D	E	F
0	**4**	2	**7**	**8**	**7**

방문한 정점 집합 (v)
v = { A, **C, B, D, F, E**}

그림 10-17 정점 F 및 E를 경유하는 최단 경로의 갱신 과정

지금부터 다익스트라 알고리즘의 구현 예를 살펴보자. 먼저 그래프의 정점 수만큼의 최단 경로 리스트를 생성한다. 그리고 방문한 정점 리스트를 False로 초기화하고 출발 정점의 값은 True로 최단 경로 리스트에서 출발 정점에 해당하는 경로는 0으로 할당한다.

이제 최단 경로 리스트에서 방문하지 않은 정점 중에서 가장 작은 값을 가지는 정점을 찾아 선택하고 다익스트라 알고리즘의 경로 계산 연산식에 의해서 최단 경로 리스트를 갱신한다.

```
def Dijkstra(vtx, adj, start):
    n = len(vtx)                          #정점 수
    dist = list(adj[start])                  #최단 경로 dist 리스트 초기화
    path = [start] * n                    #출발점->각 정점으로의 경로를 저장
    visit_vtx = [False] * n                #방문한 정점 리스트
    visit_vtx[start] = True                #출발점은 선택됨
    dist[start] = 0                       #출발점으로의 거리는 0
   #출력하여 확인하는 부분
    for i in range(n):
        print("\n최단 경로 리스트 ", dist)   #최단 경로 dist[] 출력
        print("방문한 정점 : ", end='')
        for i in range(n):
            if visit_vtx[i]== True:
                print(vtx[i], end=' ')
  #경유할 정점을 선택하는 부분
        min = INF
        u = -1
        for i in range(n):
            if visit_vtx[i]==False and dist[i] < min :
                                        #방문하지 않았으며 최소 경로 정점
                min = dist[i]
                u = i
        visit_vtx[u] = True           #선택한 정점
  #최단 경로를 갱신하는 부분
        for w in range(n):
            if not visit_vtx[w]:        #방문하지 않은 정점
                if dist[u]+adj[u][w] < dist[w]:
                                    #선택한 정점을 경유하는 경로가 더 작은지 검사
                    dist[w] = dist[u]+adj[u][w]     #최단 경로 갱신
                    path[w] = u                    #최단 경로 상의 정점 갱신
    return path
```

인접 행렬로 그래프를 생성하고 다익스트라 알고리즘을 구현한 함수 Dijkstra를 호출하여 최단 경로를 출력해 본다.

간선이 없는 정점들의 가중치는 무한대로 할당하기 위해서 INF로 지정하고 출발 정점을 A로 정한 경우이다. 실행 결과는 갱신되는 최단 경로 리스트와 방문한 정점의 리스트를 단계마다 출력하여 다익스트라 알고리즘을 살펴보고 최종적으로 출발 정점에서 다른 모든 정점까지의 최단 거리 경로의 정점을 출력한다.

```
INF = 10000
vtx =    ['A', 'B', 'C', 'D', 'E', 'F']
weight = [[0,   7,   2,   12,  INF, INF],
         [7,   0,   2,   3,   8,   INF],
         [2,   2,   0,   INF, 10,  5 ],
         [12,  3,   INF, 0,   6,   INF],
         [INF, 8,   10,  6,   0,   1 ],
         [INF, INF, 5,   INF, 1,   0 ]]


print("최단 경로 찾기 : 다익스트라 알고리즘")
s = 0       #출발 정점 A
print("--------------------------------------")
path = Dijkstra(vtx, weight, s)

# 최단 경로 출력을 위한 부분
n = len(vtx)
temp=[0]*n  #출발점에서 각 정점을 연결하는 경로:최단 경로
for e in range(1,n):
    m=n-1
    v=vtx[e]
    print('(', vtx[s], vtx[e], ')', end='')
    if e != s:
        while(path[e]!=s):
            temp[m]=vtx[path[e]]
            m= m-1
            e = path[e]
        temp[m]=vtx[path[e]]
        print(vtx[s],end=' ')
        for i in range(m+1, n):
            print(temp[i], end=' ')
        print(v)

- 결과 -
최단 경로 찾기 : 다익스트라 알고리즘
--------------------------------------

최단 경로 리스트  [0, 7, 2, 12, 10000, 10000]
```

```
방문한 정점 : A
최단 경로 리스트  [0, 4, 2, 12, 12, 7]
방문한 정점 : A C
최단 경로 리스트  [0, 4, 2, 7, 12, 7]
방문한 정점 : A B C
최단 경로 리스트  [0, 4, 2, 7, 12, 7]
방문한 정점 : A B C D
최단 경로 리스트  [0, 4, 2, 7, 8, 7]
방문한 정점 : A B C D F
최단 경로 리스트  [0, 4, 2, 7, 8, 7]
방문한 정점 : A B C D E F ( A B )A C B
( A C )A C
( A D )A C B D
( A E )A C F E
( A F )A C F
```

1. 다음 중 그래프에 대한 설명 중 잘못된 것을 모두 고르시오.

① 크루스칼 알고리즘을 구현하기 위한 간선의 사이클 발생 여부는 트리의 계층 구조를 이용하여 판단한다.

② 가중치가 없는 그래프를 너비우선탐색으로 방문할 때 출발 정점에서 도착 정점까지의 최단경로를 구할 수 있다.

③ 신장 트리는 최소한의 간선으로 이루어져 있기 때문에 사이클이 없는 상태의 트리 구조가 된다.

④ 최단 경로를 구하는 다익스트라 알고리즘은 우선순위큐의 개념인 최대 힙 트리를 사용하여 구현할 수 있다.

⑤ 다익스트라 알고리즘은 이미 구해진 최단 경로 정보를 이용하여 나머지 정점들과 출발 정점의 최단 경로를 찾아가는 것이다.

2. 다음은 그래프를 너비우선탐색으로 정점을 방문하여 신장 트리를 생성하고자 한다. 큐에 삽입은 정점을 표시하는 알파벳순이라고 가정한다. S는 시작 정점이다.

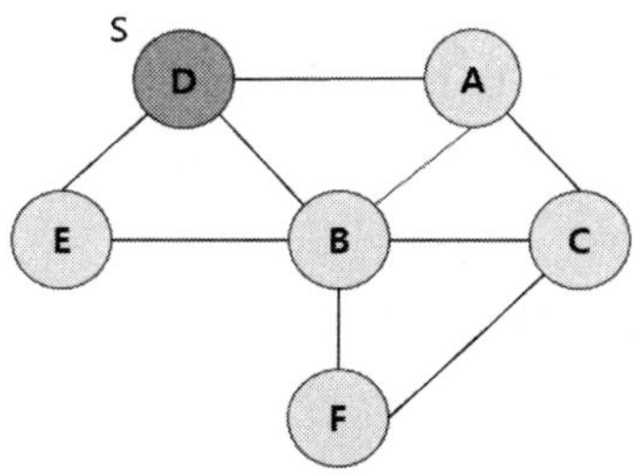

(1) 생성되는 신장 트리를 그림으로 그리시오.

(2) 다음과 같이 정점을 방문한 상태에서 큐에서 몇 번의 삭제가 수행된 후에 정점 F를 방문하게 되는가?

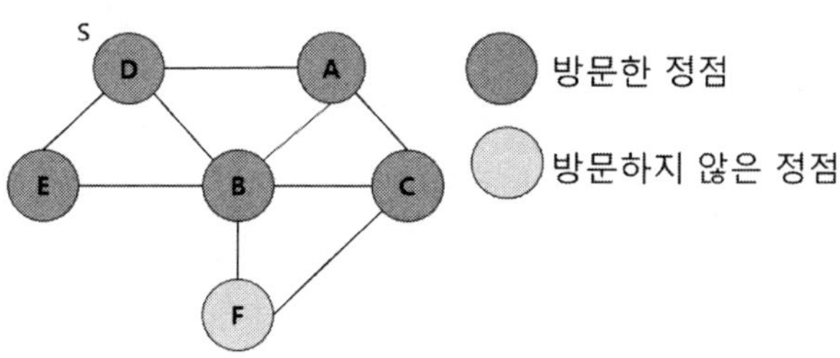

3. 다음의 간선의 가중치 표에 의한 그래프의 크루스칼 알고리즘을 수행한 최소 비용 신장 트리를 그리시오. 반드시 간선의 가중치를 표시하시오. 정점의 집합은 {A, B, C, D, E, F, G}이다.

E, G	A, B	E, F	B, D	A, D	C, F	D, E	C, E	B, G	F, G	A, C
2	3	4	5	6	8	9	10	12	14	17

4. 다음 그래프에서 다익스트라 알고리즘을 이용한 최단 경로를 구하고자 한다.

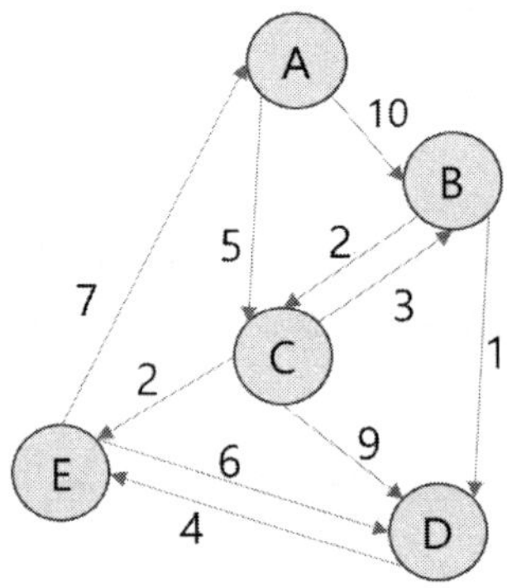

(1) 가중치값을 인접 행렬로 나타내시오.

(2) 최종 경로의 정점에서 갱신된 경로의 가중치값을 나타내는 dist 배열을 구하시오. 시작 정점은 A이다.

(3) 정점 A로부터 다른 정점까지 최단 경로를 그래프로 그리시오.

연습문제 해답

Chapter 01

자료구조와 알고리즘이란?

1. 다양한 해답이 가능

2. (1) MarkDown(마크 다운)

   (2) Run, Shift+Enter(실행 후 다음 셀 이동) or Ctrl+Enter(선택된 셀의 실행만)

   (3) 선택된 셀만 실행되는 메뉴

   (4) 모든 셀의 코드가 순서대로 실행

Chapter 02

배열과 파이썬 리스트 : 번호붙이기

1. 항목의 개수 : 3개, 인덱스 0의 값 : 12 (l=[12, 10, 13])

2. (1) i (2) val

3.
```
def element_sum(list):
    sum = 0
    n = len(list)
    for i in range(n):
        sum += list[i]
    return sum
```

4. (1) [10, 30, 20, 100] (2) n-i-1

5.
```
def changeOrder(self, m, n):
        self.list[m-1], self.list[n-1] = self.list[n-1], self.list[m-1]
```

Chapter 03

스택 : 쌓아 올리기

1. S.pop=>T.push=>S.pop=>T.push=>T.pop=>S.pop=>T.push=>T.pop=>S.pop=>T.push=> T.pop=> T.pop

2. ① S.push(i)

   ② T.push(S.pop())

   ③ print(T.pop(), end =',')

   ④ print(T.pop(), end =',')

3. return s_list[-1]

4.
```
def checkBrackets(statement):
    stack=Stack()
    for ch in statement:
        if ch in ('{','[','('):
            stack.push(ch)

        elif ch in ('}',']',')'):
            if stack.isEmpty():
                error='오른쪽의 괄호가 더 많다.'
                return error

            else:
                left=stack.pop()
                if (ch=='}'and left !='{') or \
                (ch==']'and left !='[') or \
                (ch==')'and left !='('):
                    error="서로 다른 종류가 쌍을 이루었다. ”
                    return error

    if stack.isEmpty():
            return "괄호 오류가 없다"
    else:
        return "왼쪽 괄호가 더 많다"
```

5. ① s.push

   ② s.isEmpty()

   ③ s.pop()

Chapter 04

큐 : 순서대로 처리하기

1. ④

2. (1) 11

(2)

```
QSIZE = 101
queue = CircularQueue()
for i in range(1, QSIZE):
    queue.enqueue(i)
for i in range(10):
    queue.dequeue()
print(queue.dequeue())

QSIZE는 101로 설정해야 한다. 원형 큐는 한 자리를 비우기 때문이다.
```

3.

```
def enqueue(self, data):
        self.q_list.insert(0, data)
def dequeue(self):
        if not self.isEmpty(): #빈 상태가 아니라면
            return self.q_list.pop()
```

4. 0,1,2,3,7,8,9

5. front : 1

rear : 2

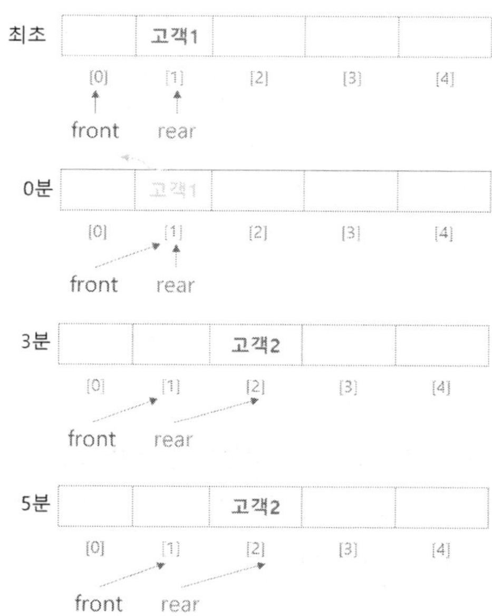

Chapter 05

정렬 알고리즘 : 크기순으로 나열하기

1. 답 : ①, ④

   ①은 선택 정렬

2. (1) i, 0, -1

   (2) if A[j - 1] > A[j]:

3. (1) $O(n^2)$

   (2) $O(\log n)$

   (3) $O(1)$

   (4) $O(n)$

4. 5회, 피벗 인덱스 : 4 → 0 → 2 → 7 → 5

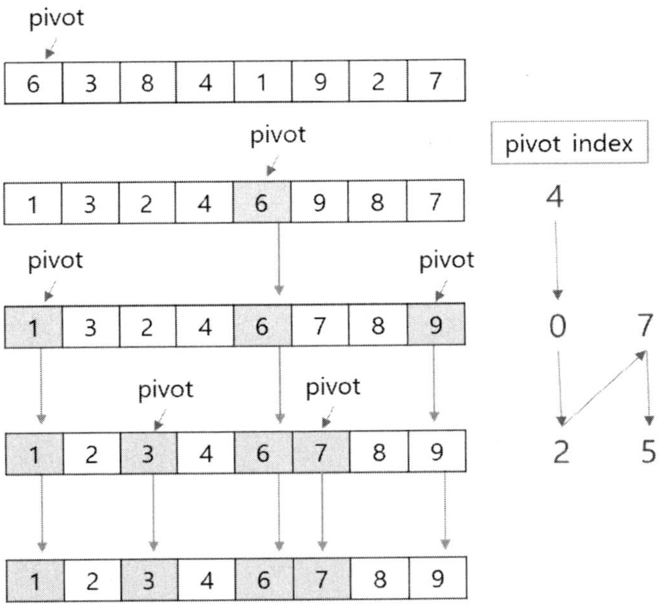

5. 이미 정렬된 리스트를 입력으로 하였을 때 첫 번째 원소를 피벗으로 선택하면 항상 최소값이거나 최대값이 선택되므로 분할이 되지 않고 원소가 차례대로 하나씩 정렬되기 때문에 리스트의 크기가 n일 때 시간복잡도가 $O(n^2)$이 된다.

Chapter 06
이진 탐색과 해싱 : 빠르게 찾기

1.

low	mid	high
0	4	8
5	6	8
5	5	5

2. ① (start+end)//2

   ② return mid

   ③ end = mid - 1

3. ④, ⑤, ⑦, ⑧, ⑨

4. (67+65+68)%13= 5

5.

해시주소	0	1	2	3	4	5	6
키	3	7	21	10	17		

Chapter 07
연결 리스트 : 연결하여 순서 정하기

1. ②, ③

2. 사용자의 입력 개수가 정해져 있지 않기 때문에 배열을 사용하면 메모리 공간의 낭비가 있거나 더 이상 저장하지 못하는 경우가 발생할 수 있다.

   연결 리스트를 사용한다면 사용자의 입력 개수에 영향을 받지 않지 않고 모든 입력 정수를 저장할 수 있다.

3. ① 0xFA200 ② 0xFA100

   ③ 0xFA102 ④ 0xFA905

4.

```
def size(self):                #스택 내의 원소 갯수를 카운트
    node = self.head           #head부터 노드를 따라가면서 카운트를 1씩 증가
    count = 0
    while node :               #node가 None이 아닐 때 까지
        node = node.link       #다음 노드로 이동
        count += 1             #count 증가
    return count
```

5. newNode.link=preNode.link

Chapter 08

트리 : 하나의 부모와 두 개의 자식으로 구성하기

1. ②, ④, ⑤

2. 이진 트리는 각 레벨에 최소 하나의 노드가 존재하므로 높이가 h이면 최대 $2^{h+1}-1$에서 최소 $h+1$ 개의 노드를 가진다.

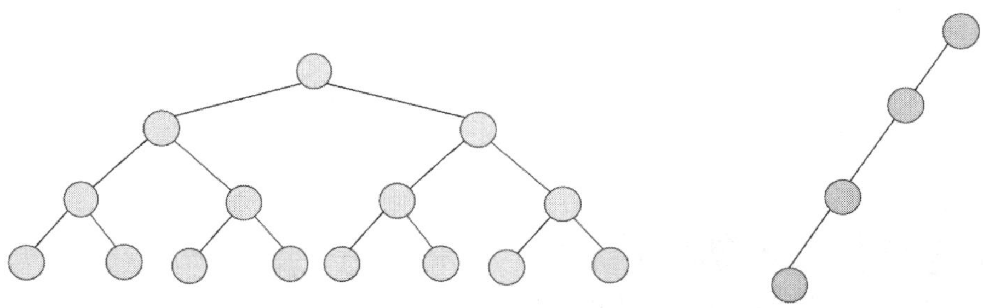

3. ① inorder(n.left)
   ② print(n.val, end=' ')
   ③ inorder(n.right)

4. ① stack.push(n)
   ② n = stack.pop()
   ③ print(n.val)
   ④ n = n.right

5. (1)

2	4	5	10	15	9	19	17
[0]	[1]	[2]	[3]	[4]	[5]	[6]	[7]

(2)

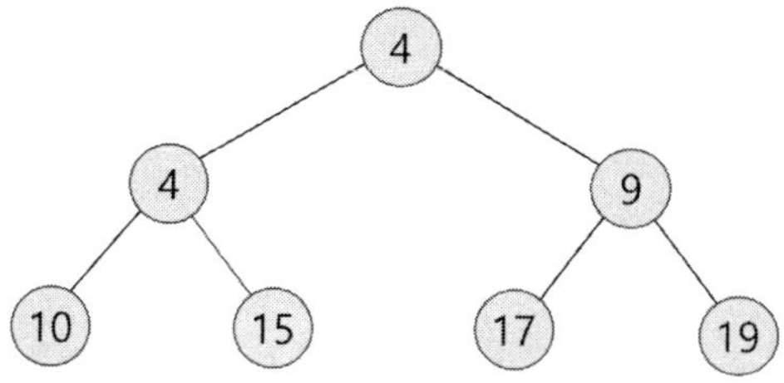

Chapter 09

이진 탐색 트리 : 이진 트리에서 빠르게 찾기

1. ②, ④

2. (1) n.right! = None:

   (2) n != None and n.left! = None:

   (3) n = n.left

3.

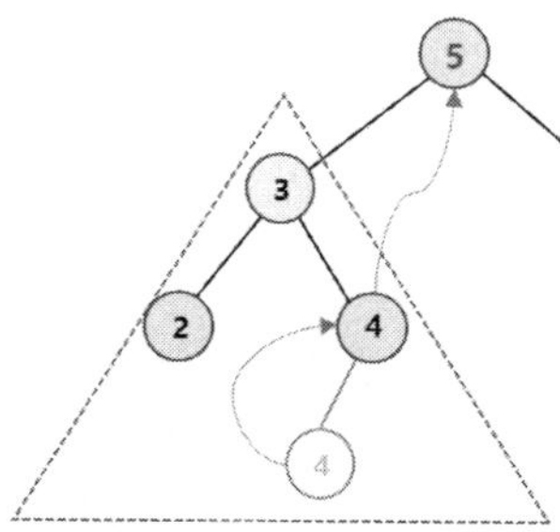

전임자 노드 5를 후계자로 선택한 경우

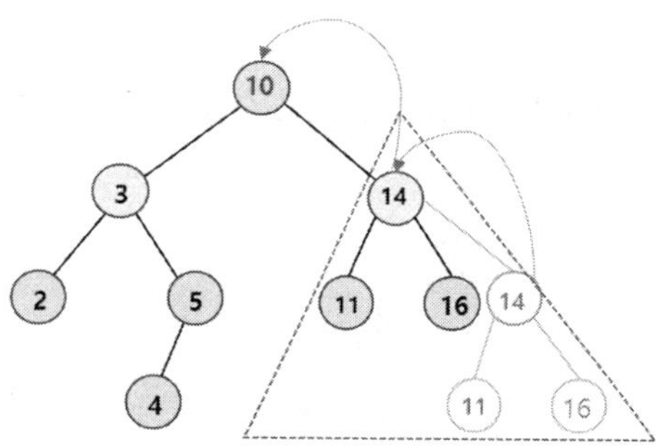

후임자 노드 10을 후계자로 선택한 경우

4. $O(\log_2 n)$

   균형 이진탐색트리 즉 AVL 트리는 노드가 n개일 때 높이가 $\log n$로 유지된다. 따라서 연산의 시간복잡도는 $O(\log n)$으로 나타낼 수 있다.

5.

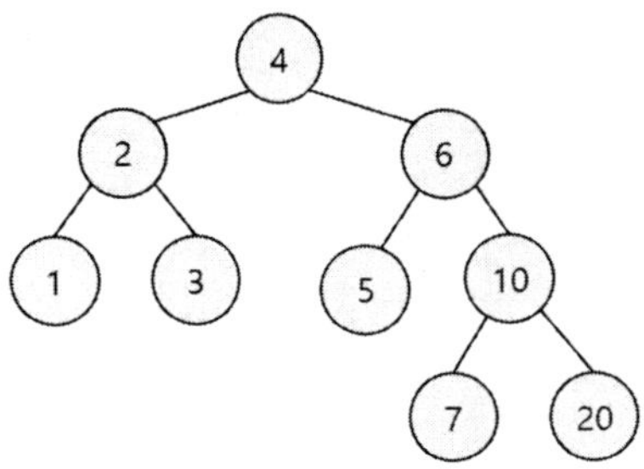

Chapter 10
그래프 : 목적에 맞게 연결하기

1. ④

2. (1)

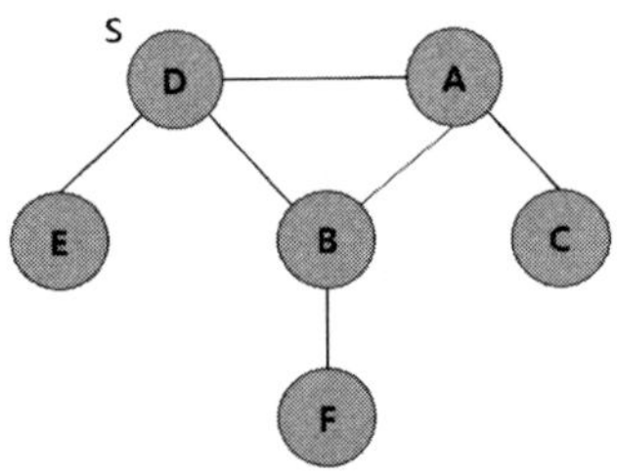

(2) 3번 : D, A, B 순으로 삭제한 후 F를 방문한다.

3.

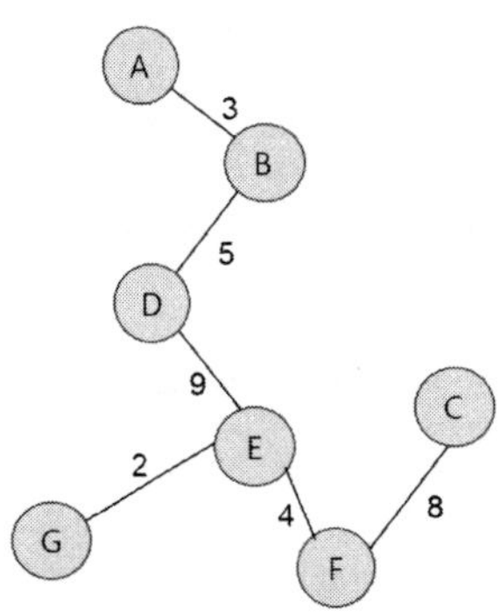

4. (1)

	A	B	C	D	E
A	0	10	5	∞	∞
B	∞	0	2	1	∞
C	∞	3	0	9	2
D	∞	∞	∞	0	4
E	7	∞	∞	6	0

(2)

A	B	C	D	E
0	8	5	9	7

(3)

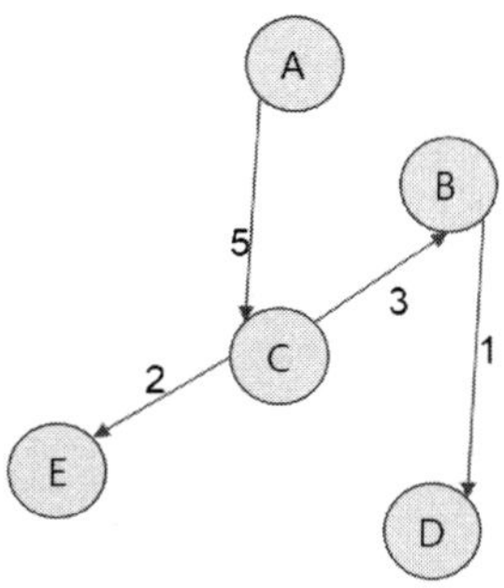